Euphonium

もっと音楽が好きになる

上達の基本

ユーフォニアム

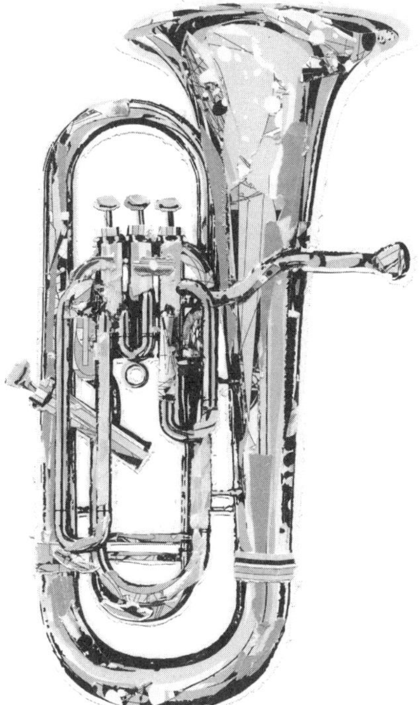

齋藤 充 ●著
Mitsuru Saito

音楽之友社

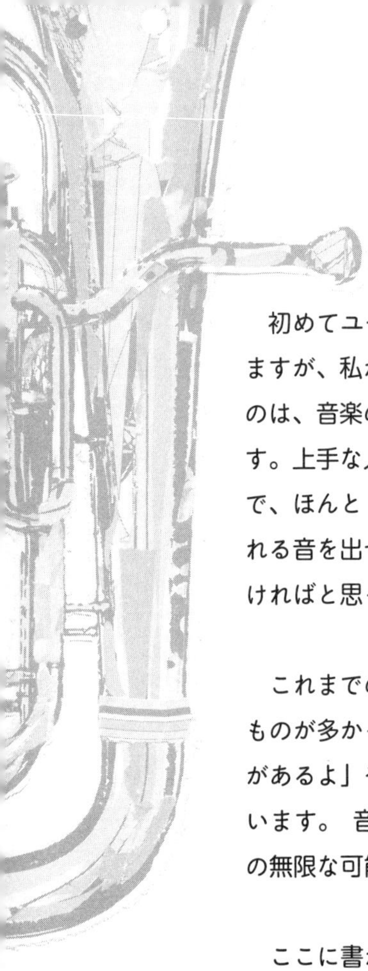

はじめに

初めてユーフォニアムを吹いてからもう30年以上がたっていますが、私が今日まで飽きずにユーフォニアムを続けてこられたのは、音楽の魅力と、この楽器のもつ魅力のためだと思っています。上手な人のユーフォニアムの音は、まさに魂を揺さぶるようで、ほんとうに内臓まで振動が伝わるほどです。心に訴えかけられる音を出せるユーフォニアムを、この本を通じて学んでいただければと思っています。

これまでの多くの教則本は「こうでなくてはいけない」というものが多かったように感じられますが、この本では「こんなことがあるよ」や「こんな考え方もあるよ」という姿勢を大切にしています。 音楽に正解は一つだけということはありません。音楽の無限な可能性を、一緒に探っていきましょう。

ここに書かれているのは、中低音金管楽器奏者にとってスタンダードとなっているアーバンの『金管教本』やレミントンの『ウォームアップ・スタディーズ』などの知識や定番の練習法に加えて、私が演奏と指導の経験から習得した演奏のポイントです。さらには、音楽についての考えや、体とメンタルについても考えていきます。知識を得る、試す、考える、挫折する、習得するというサイクルを経て、私と一緒に上達していきましょう。

私も、この本を通じてさらなる向上を目指します！

楽器は、単に練習時間を積み重ねれば上達するものではなく、一定水準以上の基本を身に付けなければいけません。そして、常に自分の音楽的センス・感性を磨く必要もあるでしょう。

ユーフォニアムが上達すると、まず自分自身が幸せになります。はじめは音を出すのが苦痛に感じられるかもしれませんが、自分に適した奏法が見つかってそれを習得できると、自由に音楽を奏《かな》でる喜びが得られます。この世に星の数ほどある美しい旋律を自分のものにできます。

自分のユーフォニアム技術が向上すると、一緒に演奏する人も幸せになります。管楽器の醍醐《だいご》味は、なんといっても人と演奏することです。音の重なりにより、音楽の相乗効果を得られることでしょう。より良い相乗効果のために、一緒に演奏する人に良い刺激となるように、演奏技術と音楽性の向上を目指しましょう。

そしてもっとも重要なことですが、自分の演奏技術が向上すると、聴き手も幸せになります。悪い音や心のこもっていない演奏を浴びせかけられて幸せになる人はいないはずですが、良い音や心のこもった演奏を浴びた人は幸せになれるかもしれません。

音楽の力は絶大なものです。一人一人の努力により、この世の中に良いユーフォニアム・サウンドを響かせていきましょう！

齋藤 充

もっと音楽が好きになる

上達の基本 ユーフォニアム

C O N T E N T S

目次

※ 本書は『Band Journal』誌 2008 年 5 月号から 2009 年 4 月号に連載された
「演奏に役立つ ONE POINT LESSON」に大幅な加筆訂正を行ったものです

ユーフォニアム Euphonium

各部の名称

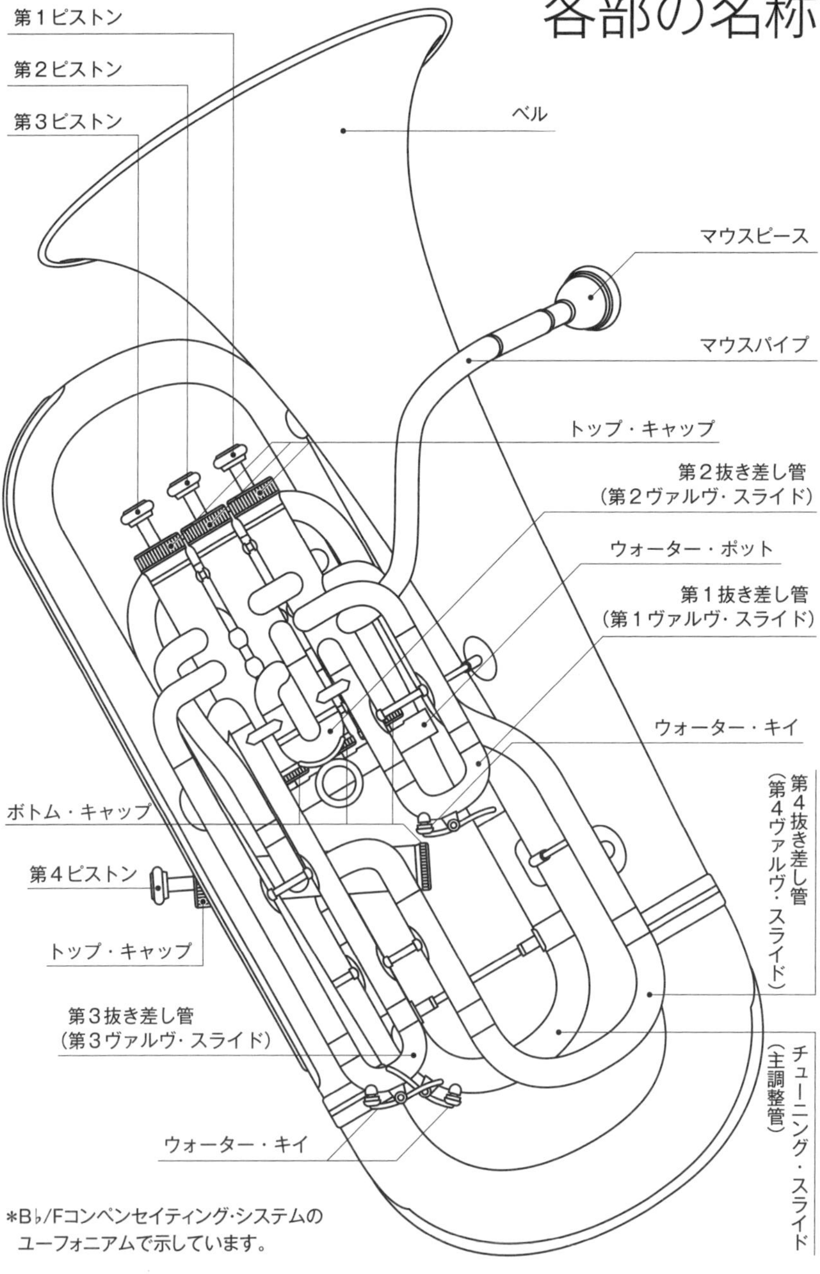

*B♭/Fコンペンセイティング・システムの
ユーフォニアムで示しています。

きほんの「き」

音楽を始める前に

「き」その1

楽器の準備

●楽器の準備

ユーフォニアムは、トロンボーンのように大掛かりな楽器の組み立てを必要としません。マウスピースをマウスパイプに装着して、チューニング・スライドと抜き差し管を調整すれば組み立て完了です。ケースから出した直後は楽器が冷えているので、息を吹き込んで楽器を温めましょう。

◆管の抜き差し

チューニング・スライドと抜き差し管を調整して、ピッチを合わせましょう。抜き差し管は、該当する管のピストンを押しながら調整します。また、チューニング・スライドを少し抜いた状態で演奏するのがふつうです。

私の場合、チューニング・スライドは1.5cmほど、第1抜き差し管は3mmほど、第3、第4抜き差し管は1cmほど抜いています。管の適切な抜き具合は、それぞれの楽器によって異なりますし、同じ楽器であっても、季節や気温によって変わります。自分の楽器のほどよい抜き方を把握しましょう。

写真1　各スライドの調整

●楽器の片付け方

楽器を吹いていると、吐いた息の温かい空気が楽器で冷やされ、管の中に水となってたまります。スライドを抜いて水を捨ててから片付けましょう。練習後にはヴァルヴ・オイルを差しておきましょう。楽器の心臓部と呼ばれているピストン部分の摩耗と錆《さび》から守るため、数日演奏しない場合には特に注油が必要です。そして、楽器をクロスで乾《から》拭きしておきましょう。楽器のメッキやラッカーがはげにくくなります。

楽器のケースには余計なものを入れないでください。ベルからヴァルヴ・オイルやペン、メトロノームなどが楽器の中に入ってしまうことがあります。楽器をソフトケースで持ち歩く際は、スライドが歪《ゆが》むのを防ぐため、すべてのスライドを完全に入れた状態でケースにしまいましょう。

●楽器を置くとき

本体が倒れず、マウスピースが落下しにくい場所に楽器を置きます。横置きでもかまいません。

吹奏楽の練習中など、人のいるところでは、楽器を壁や椅子などの近くに置いたほうが倒れにくいと思います。譜面台が倒れて楽器が凹《へこ》むこともあるので注意しましょう。

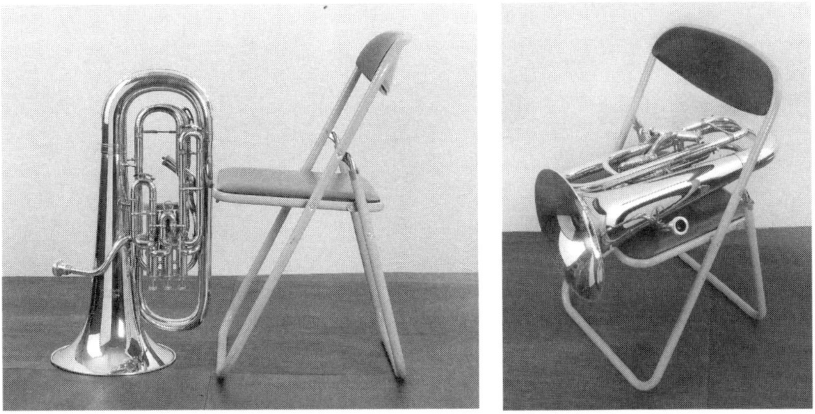

写真2　縦置き（左）と横置き（右）。横置きの場合、マウスピースが落下しない向きに置く

「き」その２

姿勢

●持ち方の基本

私は、「楽器を構える」とは言いません。「構える」と聞くと、つい体をガチガチにしてしまう人が多いのではないのでしょうか？　私の場合、**「ユーフォニアムはぼくの赤ちゃん」**と思っています。赤ちゃんを抱き上げるような感じで、楽器をつぶさないように柔らかく持ちます。肩、肘、手首の関節は、ガチッと固定するのではなく、動ける状態にしておきましょう。

楽器を持つときに、できるだけ左右の肩のラインが地面と平行になるように心掛けるとよいでしょう。左右の肺がつぶれず、効率良く息を吸うことができます。楽器の重さに負けてしまって、左の肩が下がっている人をよく見かけますが、そうならないように注意しましょう。背筋はほどよく伸ばすのが理想的です。また首は折れ曲がってしまわないように気を付けましょう。

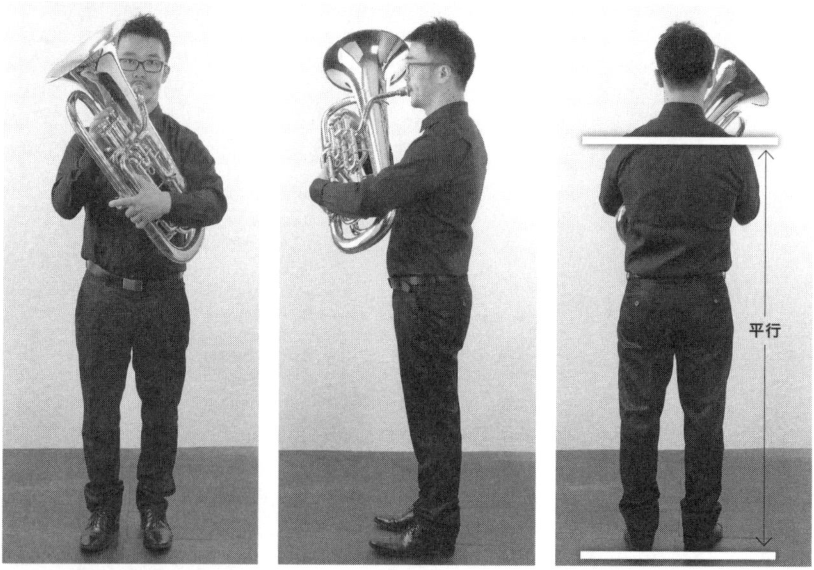

写真３　柔らかく楽器を持ち、左右の肩のラインが地面と平行になるように立つ。体の中心がピシっとしているのがわかりますか？

●立って吹くとき

ソロのときには立って演奏することがほとんどです。これを立奏《りっそう》と呼びます。頭のてっぺんから足の先まで、一本の棒がピシっと貫いているようなイメージをもつと、体幹をしっかり使えるので、支えのある良い音につながります。足が地面にきちんと着いた状態で、安定した姿勢が保たれます。全身がつながった感じを得られやすい、上半身の微調整をしやすい、音飛びが良いなど、多くのメリットがあります。

●座って吹くとき

合奏のときには、座って演奏することがふつうです。これを座奏と呼びます。骨盤が立つような座り方で、腰と膝を意識して下半身を安定させれば、座奏でもしっかりとした音が出せるはずです。

座高が低い人は、ユーフォニアムのU字管部分を太ももの付け根に置きます。座高が高い人は、背骨が曲がって演奏に支障が出る場合には、左手で楽器を持ち上げて演奏しましょう。長時間左手でユーフォニアムを持っている

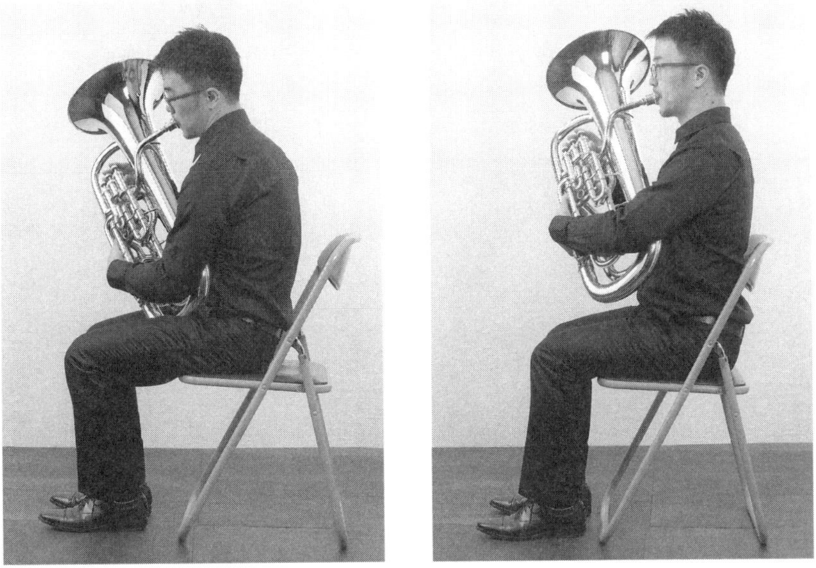

写真4　背筋が曲がった悪い座奏の例（左）と、良い座奏の例（右）

と疲れてしまうので、クッションなどを太ももの上に置いて、ほどよい高さになるよう調整します。クッションは自分で作ることもできます。

立奏でも座奏でも、無駄に体を動かす必要はありません。頭や腕、足などでリズムをとる人、表現のためか上半身をぐるぐる回す人などが見受けられますが、良い音を出すために必須の動きではありません。無駄の少ない奏法で演奏しましょう。

写真5　クッションを用いた座奏

●指の形

私の場合は、指先をピストンにつけた状態にしています。各指の第１関節はつぶさずに各ピストンを押しています。人によっては関節をつぶした状態でピストンを押していますが、それでも問題はありません。指を立てると、手首と腕に過度な力が入ってしまうので、指は、立て過ぎないほうがよいと思います。いろいろな練習をして、自分にちょうどの指の形を見つけてください。

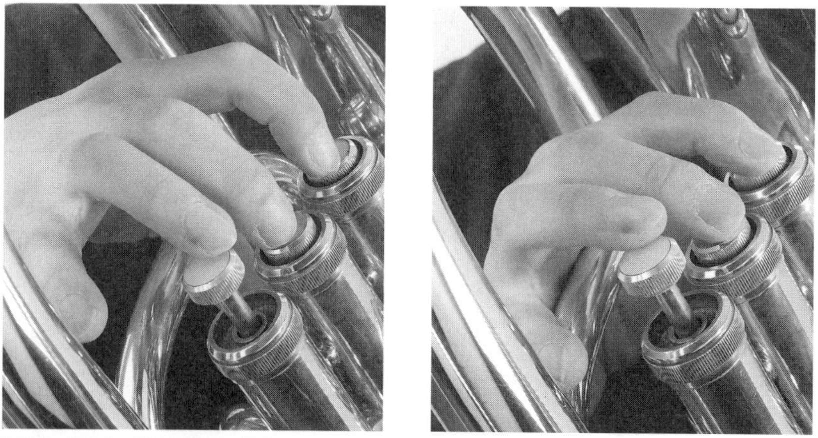

写真６　指を立て過ぎた悪い例（左）と、ほどよい指の形をした例（右）

アンブシュア

●音色をコントロールするアンブシュア

アンブシュアとは、楽器を吹く際の口の状態のことで、音色のコントロールや音域に関係しています。ユーフォニアムを演奏するときには、適度に口周りの筋肉を使って、アンブシュアを固定させて吹く必要があります。

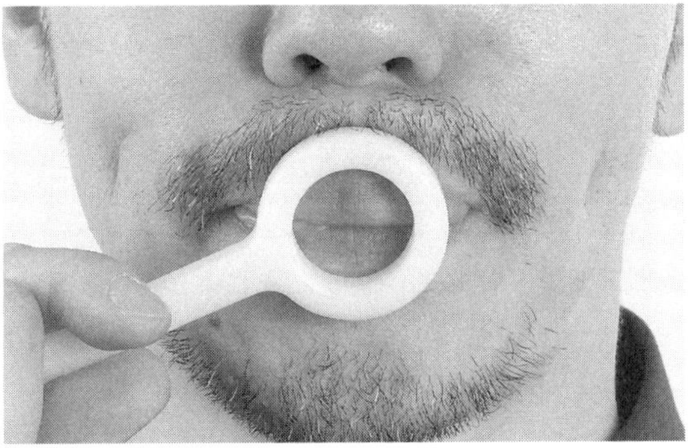

写真7　良いアンブシュアの例

アンブシュアがほどよく固定されると、楽器を吹くときに息がブレず、安定した状態で演奏できるようになります。

悪いアンブシュアは、口周りの支えが緩過ぎるか、逆に必要以上に筋肉を使い過ぎているかのいずれかです（写真8）。

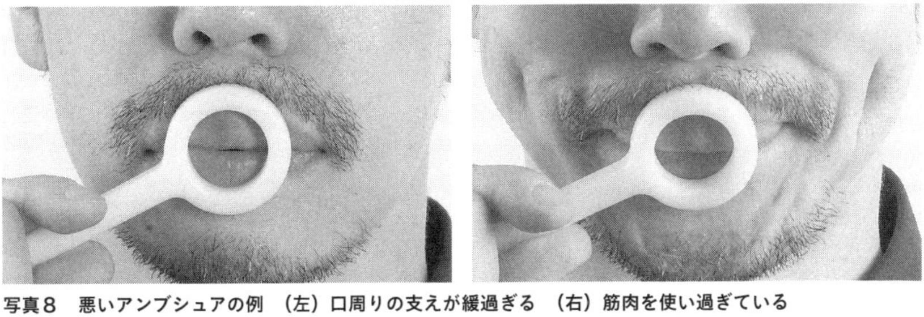

写真8　悪いアンブシュアの例　（左）口周りの支えが緩過ぎる　（右）筋肉を使い過ぎている

マウスピースは、上下の唇に等しく、または少し上唇側に多めに乗るようにしましょう。そして、左右対称になるのが望ましいです。ただし、歯並びなどの影響で個人差があるので、位置はあまり気にし過ぎなくてもよいと思います。

良い音が出ていれば、それがその人にとって最善のアンブシュアと言えます。練習するときには、あまり神経質にならないようにしましょう。

●日本人特有の問題?

海外の教則本では、アンブシュアの緩さの問題を指摘しているものはあまり見かけません。アンブシュアに関してはリラックスするように推奨《すいしょう》しているものがほとんどです。たしかに、私の留学したアメリカでは、初心者の段階から口の周りの筋肉がキュッとしている人が多かった気がします。日本人は、ふだんこの筋肉をあまり使っていない人が多いせいか、海外の教本のように「リラックス」を目指すよりは、「意識的にアンブシュアをつくる」くらいが適切なのかもしれません。

●アパチュア

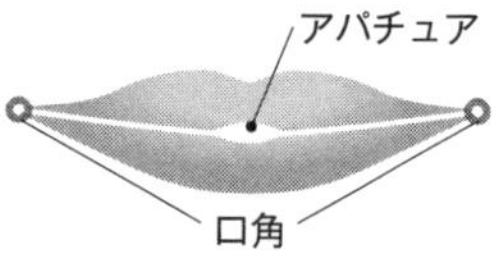

図1　アパチュアのイメージ。写真7と見比べると、実際のアパチュアがとても小さいことが分かる

唇の間にできる、息の通り道となる穴をアパチュアと呼びます。アパチュアが振動することで音が生まれるのです。

筋肉によって調整できるアンブシュアと違って、アパチュアは意図的に動かせるものではありません。アパチュアの穴はあくまで息を吹き込んだ結果として開くものです。したがって、きちんと振動するために穴の開く部分が柔らかく保たれている必要があるので、アパチュアを支えるアンブシュアが唇の周囲から固定されていなくてはなりません。

●バズィング練習

バズィングとは、マウスピースだけで音を出すことです。金管楽器奏者は、楽器がなくてもきちんと音をつくれるかを確認するために、バズィング練習をすることがよくあります。この練習は、アンブシュアが安定しているかのチェックにも有効です。ピアノなどで正しい音程を出しながらマウスピースで練習すると、音感も良くなることでしょう。

バズィング練習の際は、**息がスムーズに流れていること、口の振動が止まらないこと**を意識するようにしましょう。

譜例１　バズィング練習の例。同じ音型で半音ずつ上がっていこう

●マウスピースなしのフリー・バズと高負荷バズィング

口周りの筋肉のチェック方法として、マウスピースを使わず、唇だけで行うフリー・バズ（フリー・バズィング）もあります。筋肉が足りない人は、これができません。わざわざ練習する必要はありませんが、口の状態のチェックに使えます。筋肉が足りない人は、写真９のようにマウスピースの先端を手で軽くふさぐ「高負荷バズィング」もお勧めです。

写真９　高負荷バズィングで筋肉を鍛えよう

●バズィングはほんとうに必要か？

バズィング練習があまりに金管楽器奏者のあいだで広まっているので紹介しましたが、ほんとうのことを言えば、私はバズィング練習をしていません。

バズィング練習は、つぶしてでも音を鳴らすという傾向が強く、吹奏感や音量だけで吹いていることが多い気がします。

バズィング練習の際には、音色感をもって練習しましょう。半分は振動を、残りの半分は空気の音をという程度が理想のバズィングの音なのかもしれません。

「き」その4

呼吸

●楽器と空気

皆さんは、「もっとたくさん息を入れて」と言われたことはありませんか？私自身、「楽器にはすでに空気が満たされているわけだから、そんなに楽器に息を入れてもどうにもならないよ」と言われてハッとしたことがあります。楽器を始めたてのころ、口から出した息をベルまで届かせるためには、息のスピードを上げなくてはいけないと思っていました。楽器に押し入れる息の量を増やしてユーフォニアムを吹こうと、ムキになっていたときもありました。

金管楽器は、楽器に満たされている空気が振動し、その振動が楽器中を伝わっていくことで音が鳴ります。自分が出した息そのものがベルの先まで届いて音が鳴るわけではありません。

ところで、私も以前はブレスの練習をしましたが、現在ではしなくなりました。単に肺活量を増やすだけでは良い音をつくれないと考えたからです。多くの呼吸法の練習は、たくさん息を吸って、たくさん吐けるようになるためのものです。そこに気をとられるあまり、呼吸から音楽的感覚が失われてしまっている場合も見受けられます。

●呼吸の練習

ユーフォニアムを吹くのに必要な呼吸法を身に付けるために、楽器を持ちながらのブレス練習をしてみましょう。

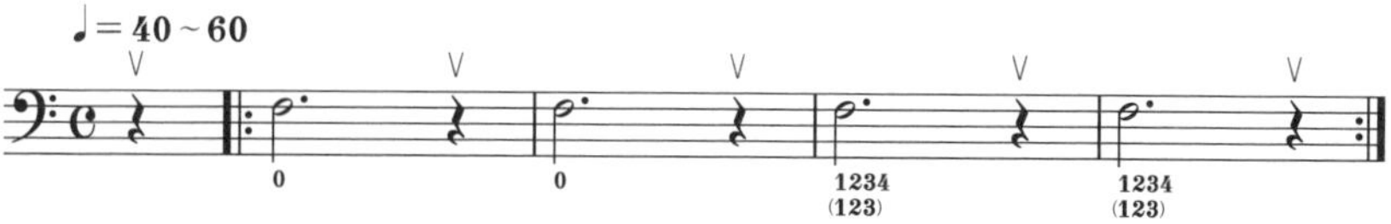

譜例2　吐いたり吸ったりする息の量を少しずつ増やそう。慣れてきたら、ブレスを延ばす拍を増やそう

ここをCHECK!

- ▶ 口の両端を縦に開けて息を吸う
- ▶ 吸うときと吐くときの間をスムーズにする
（スイッチのオンとオフが切り替わるような感覚でブレスしない）
- ▶ 音の自然な終わり方を意識し、ゆったりしたブレスで
- ▶ 大きなブレスの音を立てない
- ▶ 口の中をつぶれた状態にしない

「たくさん吸っています」アピールをするためなのか、大きいブレスの音を立てる人が少なからずいます。これは、大きな間違いです！　実は、大きな音を立てて息を吸っても、肺にはあまり息が行き渡りません。

息を吸うとき、口の両端が狭《せば》まり過ぎているとノイズが生じてしまうので、口の両端が縦に開くようにします。「ヒー」よりは、「ホー」の口の形に近いです。また、吸うときには肩が必要以上に上がらないようにしましょう。**肺の底でブレスをとるようなイメージ**で吸うと、ノイズの少ない、深いブレスになるはずです。

吐くときは、吸ったときの反動を上手に使えば十分です。肺が柔軟なゴム風船になっているイメージで、肺が自然にしぼみたい速度で吐いてみましょう。無理に肺を圧迫させるような吐きかたにならないように。

ピストンを何も押していない開放の状態と、すべてのピストンを押して管がいちばん長くなった状態とでは、吹き込んだ息の流れに違いを感じませんか？　短い管の状態では抵抗が少なく、長い管の状態では抵抗が多くなります。抵抗の違いによって微妙に息の吹き込み方を変える必要があります（具体的には、p.28の「インターヴァル練習」で詳しく説明します）。

この練習をしていると、だんだん気持ちが落ち着いてきませんか？　そして、しだいに肺が開いてくる感じが得られませんか？　この練習は、楽器を温めるのにも役立ちます。さらに、楽器の中に水がたまっていないかのチェックもできます。

●ブレスが足りない人へ

ブレスが足りないという人は、吸っているつもりでも実は大きなブレス音がしているだけで、先述したように実際には肺に空気が行き渡っていないのではないのでしょうか？　私は「ブレスとは気を取り込むことだ」と言うこともあります。たくさんの息を吸い込もうとして体がガチガチになってしまっている人は、少なくありません。無理のない柔らかいブレスを心掛けてみましょう。呼吸の練習によって肺活量を高めるよりも、日頃から適度に運動をするなどして、基礎体力を向上させることをお勧めします。

●肺の広がりを実感しよう

この本には、「体に響かせるように吹く」という表現がたくさん登場します。響かせるためには、肺が広い必要があります。肺が広がった実感をもつための練習もあります。一度口から息を吸ったあとに、さらに鼻から３度ほど吸い足してみてください。肺が広がるのがわかりますか？　広い肺と広い体で、ユーフォニアムを演奏しましょう。

column コラム

一度手にしたら

練習には、一度習得しても毎回確かめたほうがいい練習と、一度習得したらあとは特に練習しなくてもよい練習があると私は思っています。

ロングトーンやリップ・スラーは、毎日の練習に取り込んでいます。でも、この本で紹介している呼吸法やバズィング練習は、もしかすると一度習得したらわざわざ毎回練習しなくてもよいのかもしれません。音階練習も、一度マスターしたら、あとは必要なときに取り出すような感覚でよいのかもしれません。

よく、楽器をはじめた頃の練習をずっとやり続けている人が見受けられます。ほんとうに、その練習を毎回行う必要があるのか再考してもよいのかもしれません。

楽譜の読み方

●いろいろな記譜法

ユーフォニアムの楽譜の多くは、ヘ音記号で実音表記されています。単にEuphonium、またはEuphonium（B.C.）〔Bass Clef=低音部譜表の略〕と指定される場合は、楽譜に書かれたとおりの音をそのまま出せばよいのです。

ヘ音記号以外に、テノール記号の実音表記で書かれることもよくあります。高い音が続く場合で多く見られます。

ユーフォニアムがin B♭の移調楽譜としてト音記号で書かれる記譜もあります。昔の楽譜や金管バンドの楽譜に多く見られ、Euphonium（T.C.）〔Treble Clef=高音部譜表の略〕、Euphonium in B♭などと楽器が指定されています。ほかの移調楽器と運指を共有し、読み替えしやすい利点があります。B♭をドイツ語ではB（ベー）と読むことから、この読み方は俗に「B《ベー》読み」と言われています。これができると、トランペットの楽譜をスムーズに読むことができるので、トランペットの教本なども使えるようになります。

譜例3　同じ音高をバス記号、テノール記号、Euphonium（T.C.）で記譜した例

「き」その6

ユーフォニアムの種類

写真10　①英国式バリトン　②細管ユーフォニアム（コンペなし）　③太管ユーフォニアム（コンペなし）　④太管ユーフォニアム（コンペあり）

●ピストンと「コンペ」での区別

ユーフォニアムには本来４本のピストンがありますが、軽量化などの目的で、初心者用として３本ピストンのユーフォニアムもあります。４本ピストンのユーフォニアムも、ピッチを補正するための**コンペンセイティング・システム**（略して**コンペ**と呼ばれることもあります。本書でも以下コンペと省略）の付いているものと付いていないものとがあります。コンペがあると、第４ピストンを使った場合のピッチが補正されます。コンペがない楽器では、低音域でのピッチが安定しなかったり、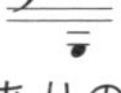の音が出なかったりと、機能面で制限があります。機能的にはコンペありの楽器のほうが良いのですが、その分、楽器が重くなってしまうのが難点です。

●管の太さは3種類

ユーフォニアムは、管の太さで3種類に分けられます。現在は、**細管**と**太管**が主流ですが、細管と太管では左手の持ち方、ピストンの場所が違います。

細管は初心者向けの楽器に多く、容易に音を出すことができます。太管は豊かな響きが出せるので、上級者向けの機種の多くは太管です。このほかに、ユーフォニアム・シャンクと呼ばれる**中細管**の楽器もあります。ちなみに私は中細管の楽器をメインで使用しています。

●ユーフォニアムの仲間

ユーフォニアムに近い楽器に、バリトンがあります。ユーフォニアムと同じ音域ですが、管が細いため、芯のあるタイトな音が特徴です。**英国式バリトン**とも呼ばれます。ブリティッシュ・ブラス・バンド、吹奏楽で使われることが多く、現在のユーフォニアムよりは細い管で明るい華やかな音色をしています。それに対し、**米国式バリトン**は、英国式バリトンよりも太いボア（管の内径）で、現在のユーフォニアムに近いものです。

Column コラム

Check by Ear

良い音は、良い呼吸、良い姿勢、良いアンブシュアからつくられます。

良い身体の状態に慣れていくと、楽器を吹いても疲れにくくなり、癖のない自然な奏法と音楽になるはずです。無理をしたり不自然な奏法で演奏したりすると、今はよくても、いずれ不都合が生じてしまうでしょう。早いうちに、良い習慣を身に付けていくようにしましょう。

外見を良くすることも大事ですが、良い音を出そうと思えば自然に良い呼吸ができるようになり、自然に良い姿勢と良い口の形にもなるはずです。

私は留学中によく"Check by Ear"（耳でチェックしよう）と言われました。姿勢を指摘されて、ただ姿勢を変えるのではなく、姿勢を変えたことで変わった音を聴く。あるいは、耳で聴いた違いを察知して、姿勢を補正していく。"Check by Ear"はそのような心構えを伝える言葉だと思います。

ユーフォニアム運指表

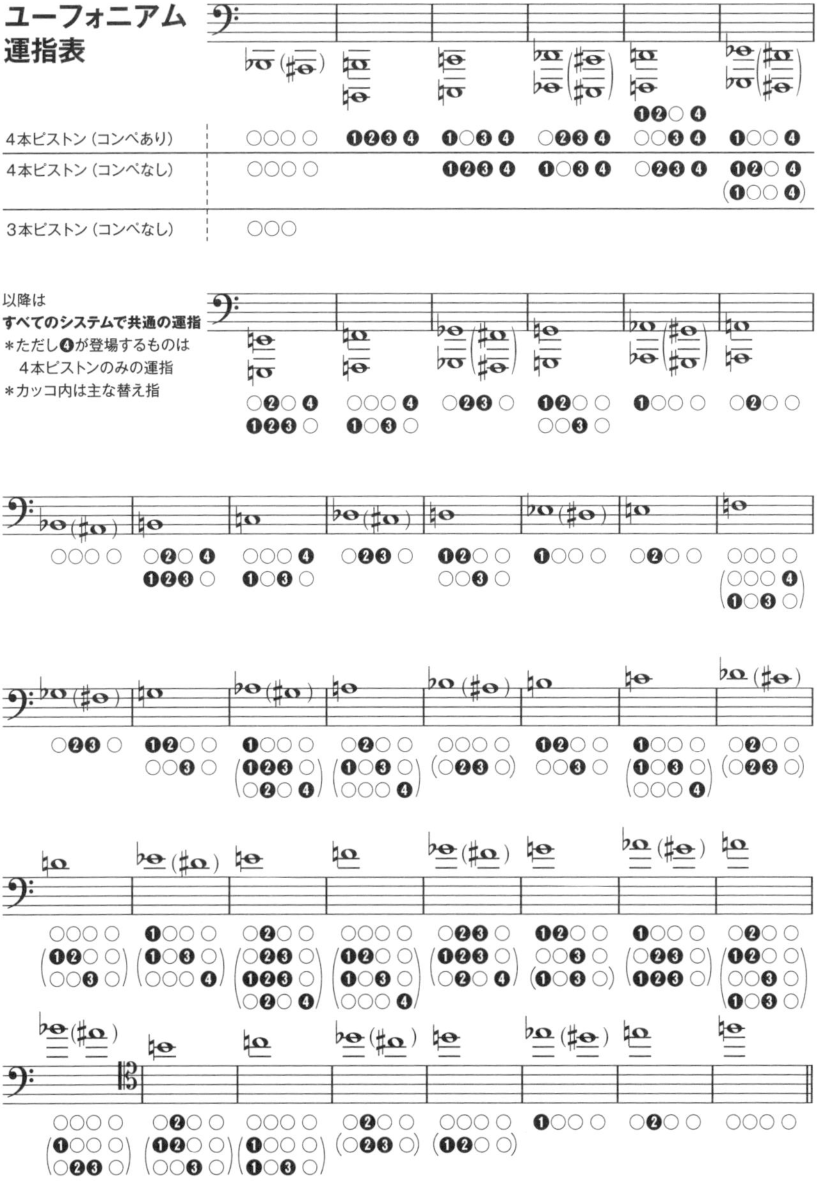

○＝ピストンを押してない状態　●＝ピストンを押している状態（数字は該当するピストン番号）

図2　4本ピストン（コンペあり／なし）と3本ピストンでは運指が異なる音が多い。自分の楽器の運指を確認して、正しい運指で吹こう！

きほんの「ほ」

自由に音を奏《かな》でよう

Euphonium

「ほ」その1

目指す音

ユーフォニアムは、「よく響く」という意味のギリシャ語（eúphōnos）がその語源になっているように、豊かな響きが大きな特徴です。

●ユーフォニアムの「良い音」とは？

皆さんにとって、良い音とはどのようなものでしょうか。ノイズのない真っすぐな音でしょうか？　例えばテレビやラジオから聞こえてくる時報の音は、ノイズもなく真っすぐで安定している、サイン波（純音）と呼ばれる音ですが、音楽的に良い音と言えるでしょうか？

私にとっての**ユーフォニアムの良い音には、真っすぐなだけではない、何か神秘的なものが潜んでいる**ように思えます。それは、川の流れに例えることができるかもしれません。急カーブの内側は激しい流れ、外側はゆったりした流れ、といったたくさんの要素が一緒になって、眼を見張る光景を生み出している。そのような音の要素が集まった結果、予想を超えた種々の倍音が豊かに響いているということです。止まることのないその音は、自分自身から離れ、やがて彼方《かなた》に消えてゆく。ユーフォニアムの音には、そのような魅力が隠れていると思っています。

●求められた「新しい響き」

ユーフォニアムは、人々が求める音や響きに応じて、楽器の形やベルのサイズが決まり、管が太くなってきた歴史があります。今でも新しい楽器、たとえば電子楽器などは、より特徴的な音を目指して作られますが、ユーフォニアムにも、同時期に生まれたサクソフォーンにも、それまでの楽器に比べて華やかさや深み、響きがプラスされている気がしてなりません。

だからこそ、ユーフォニアムは、吹奏楽や金管バンド、オーケストラやアンサンブルの中で、潤滑剤のような役割を果たせるのだと思います。

「ほ」その2

ウォームアップ

●耳のためのウォームアップ

ユーフォニアムの演奏は、スポーツのように筋肉を酷使するわけではありません。激しい運動をする前のように入念にウォームアップしなくてもユーフォニアムを演奏することは可能だと信じています。逆に言えば、その日の最初に出す音から、自分のベストの状態の音を出すつもりでいなくてはいけません。そうは言っても、なかなかそのようにいかないのが人間です。その日の唇の状態、体の調子、そして精神状態を知るために、ある程度のウォームアップと基礎練習をすることは必要です。譜例４は、私が一日の最初にユーフォニアムで演奏することの多いフレーズです。

マウスピースを楽器に付けて、次の楽譜を吹いてみましょう。

譜例４　一日の最初に吹く４音。いろいろな調でやってみよう！

ここをCHECK!

- 音色
- 音の均一さ
- 調性感
- 呼吸
- 姿勢
- 音の始まりと処理
- アンブシュアの安定

たった４つの音ですが、この４音を吹くことで、その日の自分の状態をチェックできます。自分の音色に耳を傾け、自分の吹き方に無理がないかを確認しましょう。

ウォームアップの段階では、*mp* から *mf* 程度の中庸なダイナミクスで吹きましょう。タンギング（p.30参照）も、弱過ぎず強過ぎずに。

何回かやってみてうまくいかなくても、執着せずに先に進みましょう。ほかの練習をすることで気付くこと、できることがあるはずです。変ロ長調だけでなく、いろいろな調でやってみてもよいでしょう。

●良い音をコピーしていくように

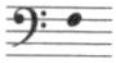 以外の音、例えば  から一日の練習を始めてもよいのですが、私は、ユーフォニアムの  の音はやや暗く、低いように感じられます。「B♭管の楽器だからB♭がいちばんきれいなはずだ」と何も疑わずに吹いている人が多いのですが、ほんとうにそうでしょうか？　少なくとも一度は、思い込みを捨てて、一つ一つの音を聴き直してみてもよいと思います。

私の場合は、 の音が自分にとって出しやすく、ストレスなく出せる音だと思っているので、この音から楽器を吹き始めることが多いです。

●ロングトーンで吹き始めない理由

単に体のウォームアップ、楽器のウォームアップというだけなら、ロングトーンから始めてもよいのかもしれませんが、ロングトーンの練習では、相対的な音の関係がわかりません。スケールの断片をウォームアップに用いることで、 から  へと向かっていく変ロ長調の調性感、そしてその間の各音のピッチや、音色の均質性なども聴くことができるのです。

体のウォーアムアップではなく、耳のウォームアップをすることの意味が、ここにあります。

●「ほどよい」状態

「狙って、考えて吹くこと」ができれば理想的ですが、気合が入って集中し過ぎてしまうと、かえってうまくいかないことがあります。いわゆる気負った状態ですね。ウォームアップなので、自分がほどよい状態でどのくらいの音が出ているのか、しっかり聴いて確認すればよいでしょう。

ロングトーン

●実は難しいロングトーン

柔らかく安定した、真っすぐの音を長く延ばせることは、ユーフォニアム奏者にとってはとても重要です。

ロングトーンは、これまで述べてきたような「良い音」で演奏しなくてはいけません。温かい息を使って、柔らかく深みのある豊かな音で練習をしましょう。

譜例5　「良い音」によるロングトーン

●流れがあるロングトーン

上の譜例が $p < f > p$ となっているのは、常に流れがある状態であってほしいからです。ひたすら真っすぐ延ばすだけのロングトーン練習を見かけることがありますが、音の流れも一緒に止まってしまいがちです。

クレシェンドをするときに、ただ多くの息を楽器に入れるだけではつぶれたような窮屈な音になってしまいます。また、大きな音を出そうとすると、体に力が入ったり、口が必要以上に固くなったりしがちです。どうすれば音がつぶれなくなるのでしょうか？

大きな声で歌うとき、単にたくさんの息を使うだけでは大きな良い声にはなりません。声を出しながら体に響かせるようにする必要があります。ユーフォニアムを吹くときも、クレシェンドでは圧力の高い息で、**自分の音を体のすみずみに響かせていくように息を使う**とよいでしょう。

デクレシェンドのとき、単純に楽器に送り込む息の量を少なくすれば、小さな良い音になるわけではありません。小さな音を出そうとすると、体が窮屈になったり口の支えがなくなったりしやすいので、圧力が低く温かい息をゆっくりと吐きましょう。吐く量は少なくても、幅広い息を意識することが大切です。

このクレシェンド、デクレシェンドのコツを身に付ければ、ロングトーン練習でも良い音を出すことができるはずです。たとえ音量の変化がない箇所であっても、常に温かく幅広い息を体に響かせる意識をもって音を出す必要があります。

●インターヴァル練習

すべての音でロングトーンをしていたら膨大な時間が掛かってしまいます。そして、口に過剰な負担を与えてしまいます。そこで私は、ロングトーンを兼ねた譜例6のようなインターヴァル練習（ロングトーンに音の上下をプラスした練習）をお勧めしています。

譜例6　インターヴァル練習。ほかの音からもやってみよう

ロングトーン練習を兼ねているのですから、常に流れがある状態で吹くように心掛けてください。音に動きはありますが、8拍のスラーを延ばしている点では同じです。必要ならクレシェンド、デクレシェンドを付けてもよいでしょう。

この練習は、自分が落ち着けるテンポ（♩＝60程度）で行うことが大切です。すべてのブレスでは穏やかさを取り入れるように心掛けましょう。慣れてきたら、より遅く練習するのも効果的です。

インターヴァル練習になったことで新たな要素が加わりました。管の長さの違う音が一つのフレーズの中に含まれたということです。各音の音色の違いを体感しながら吹きましょう。楽器の構造上、ピストンを押すと管が長くなり、抵抗が増えます。それによって音抜けが悪くなって音ムラが生じます。抵抗の違いによる音ムラは、体幹による圧力の微調整によって補う必要があります。私は、**「体でバランスを取る」**という意識で吹いています。

一般的に、高い音は活気のある速い息で、低い音はゆっくりとした幅広い息で吹くと言われていますが、p.21の「Check by Ear」のコンセプトを使って自分なりの微調整を繰り返していきましょう。

●さらに短い音価で

インターヴァルがうまくいっているかどうかを確認するため、そしてウォームアップの時間短縮として、譜例7、譜例8のように、半分の音価、またはさらにその半分の音価でこのインターヴァル練習をすることもできます。

譜例7　4分音符の音価を中心としたインターヴァル練習

譜例8　8分音符の音価を中心としたインターヴァル練習

音価が短くなっても、これらのインターヴァル練習は、あくまでロングトーン練習であることを忘れないでください。ワンフレーズ内で肺が自然にしぼみたいと思う速度で、肺に過度な負担をかけない範囲で呼吸するようにしましょう。これを苦しく感じる人は、「呼吸」の項（p.16）を再度確認してみましょう。

「ほ」その4

タンギング vs. レガート

●タンギングについて考えてみよう

まず、次の譜例を吹いてみましょう。

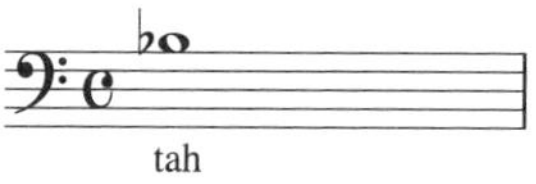

譜例9　タンギングの一連の動きを観察しながら吹いてみよう

音を鳴らし始めるときに、きちんと「tah」（ター）とタンギングしていましたか？

実は私は、ユーフォニアムを吹き始めた数か月、タンギングをせずに音を出していました。当時の私を含めて、「ウー」というように、喉から息を送る感じで音を鳴らし始めてしまう人が少なからずいるようです。もしタンギングをしていない人がいたら、そっと教えてあげましょう。

タンギングを使い、「ター」というように大気中に自分の音を放ちます。タンギングの準備は、わずかで十分です。たまに、タンギングで必要以上に息をせき止めている人を見かけます。音を出す前のほんの一瞬でタンギングの準備が無意識になされるのが理想です。音の終わりには舌は使いません。初心者の中には、音の終わりで舌を使って音を止めてしまう人もいますが、自分の音が消えるその瞬間まで音を流し続けるイメージで音を放ってあげましょう。そうすることにより、音の処理がきれいになるはずです。

①ブレス→②舌の準備→③タンギングとともに息が流れ出る→④息を大気中に放ったまま舌を使わずに音を処理する、という一連の流れが自然にできるように、ロングトーンの練習をしましょう。

口の中と舌の状態は音域によって自然に変化します。低音域のタンギングでは「トォー」、中音域では「トゥー」、高音域では「ティー」という状態に無意識になっていると思います。発音のほどよい加減は、自分で調整しましょう。

タンギングをするときに、舌だけでなく口の表面の筋肉が連動して動いてしまうことがあります。できるだけアンブシュアが動かないようにしましょう。時々鏡を見ながら練習すると効果的です。音の立ち上がりで顔の筋肉が動いてしまう場合は、アンブシュアの安定が必要です。

●連続した音のタンギング

音が連続しているときには、音と音の間で息を送り続けながらタンギングを行います。

譜例 10　テヌート・タンギング

ほどよい強さのタンギングを使って、音と音の間に軽く切れ目を入れます。息の流れが止まらないように気を付けましょう。最小限のタンギングくらいでちょうどだと思います。そのほうがきれいな流れを得られるでしょう。

タンギングの速さ向上のために、以下のような練習をしましょう。

譜例 11　速いタンギングの練習

この練習をする際に、次の点に気を付けましょう。

ここをCHECK!

- ▶ 息の流れが止まっていないか
- ▶ 口の内部と喉が狭くなり過ぎていないか
- ▶ 口の表面が動いてしまっていないか
- ▶ タンギングがキツ過ぎないか／緩過ぎないか

●レガートとレガート・タンギング

レガートとは、滑らかに音をつなぐという意味です。ユーフォニアムでのレガートには、タンギングを使わないものと、タンギングを使うものとがあります。

スラーで記譜されている場合は、タンギングを使わないで演奏するのが一般的です。スラーでつながれた2音の間では、息の流れを止めずに、音量のギャップがないように気を付けましょう。

音を保っている間に、比較的柔らかい発音でタンギングすることを、レガート・タンギングと言います。楽譜にはスラーが書かれていないけれど滑らかに演奏したほうがよい場合は、このレガート・タンギングを使います。

スラーがかかっている音にテヌートが書かれている場合も、レガート・タンギングを使います。レガート・タンギングでは、「t」よりも柔らかい「l」や「n」などのタンギングで「ル」や「ナ」と発音するとよいでしょう。

●スタッカート

スタッカートの短い音で用いるタンギングは、基本的には、長い音のときと同じです。次の譜例を用いて練習しましょう。

譜例 12　テヌートとスタッカートの対比練習

テヌートのついた長い音符のときの**良い音色をコピーする**ような感じで、スタッカートのついた短い音符を演奏すると、音色感のある短い音が得られることでしょう。すべての音が丸い状態になることを目標としましょう。

短い音符を吹くとき、アンブシュアがきつくなり過ぎたり緩くなり過ぎたりすることがあります。鏡を見ながら練習することにより、ほどよいアンブシュアになるようにしましょう。

「ほ」その5

リップ・スラー

●予備知識

リップ・スラーとは、指使いを変えずに倍音間を上下させる金管楽器独自のテクニックのことです。

譜例13　変ロ音上の倍音列（第7、第11倍音は近似音）。第7倍音は非常に低いため、通常は使われない

リップ・スラーを直訳すれば「唇による滑らかな演奏」という意味になりますが、実際は唇の変化だけで演奏するわけではありません。

一般的には、リップ・スラーでは次の要素が必要になります。

- ▶唇の角度の調整
- ▶息の速さのコントロール
- ▶息の圧力調整
- ▶舌の位置の変化
- ▶姿勢の微調整

リップ・スラーでの調整の多くは、マウスピースの内側部分の唇の角度を微調整して行います。決して唇の両側を引っ張るようにはしないでください。

マウスピースの中で上唇を下唇に重ねていくようにすると、高音域にふさわしい下向きの息になります。低音域では、上唇と下唇をそろえるようにすると、低音域にふさわしい真っすぐな息になります。

息の速さも音の上下に影響します。アパチュアを細くして速い息を使うと高音向きに、アパチュアを広くして遅い息を使うと低音向きになります。アパチュアのコントロールだけでなく、体幹の微調整による息のコントロールも使われます。

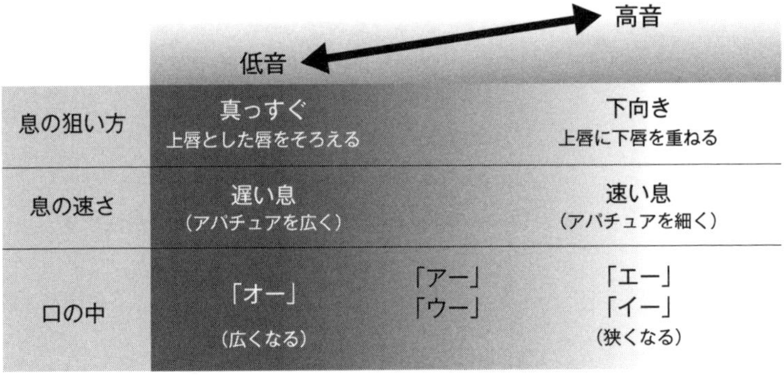

	低音 ←―――――――→ 高音		
息の狙い方	真っすぐ 上唇とした唇をそろえる		下向き 上唇に下唇を重ねる
息の速さ	遅い息 （アパチュアを広く）		速い息 （アパチュアを細く）
口の中	「オー」 （広くなる）	「アー」 「ウー」	「エー」 「イー」 （狭くなる）

図3　リップ・スラーにおける音域ごとの要素の調整。アパチュアの変化だけでなく、体幹による息のコントロールも使われる

舌の位置により、低音域では口の中を広く、高音域では狭くします。低音域では「オー」、中音域では「アー」や「ウー」、高音域では「エー」や「イー」の口の形にすると、それぞれの音域にふさわしい良い音になることでしょう。こう書くと、口腔《こうくう》内上部を広げたり狭めたりしてしまいがちですが、私の感覚では舌の根元（舌根）を調整している気がしています。いずれにせよ、微調整で十分です。やり過ぎると音がこもってしまったり、逆に窮屈になってしまったりするので注意してください。ちなみに私は、唇の角度も口腔内の変化も実はあまり意識していません。自然とそうなっているくらいがちょうどいいのかもしれませんね。

ユーフォニアムを吹く際は、必ずしも姿勢を固定させる必要はないと思います。音域により、自然に楽器の角度を微調整してもよいでしょう。「音域拡大」の項（p.40）も参考にしてください。

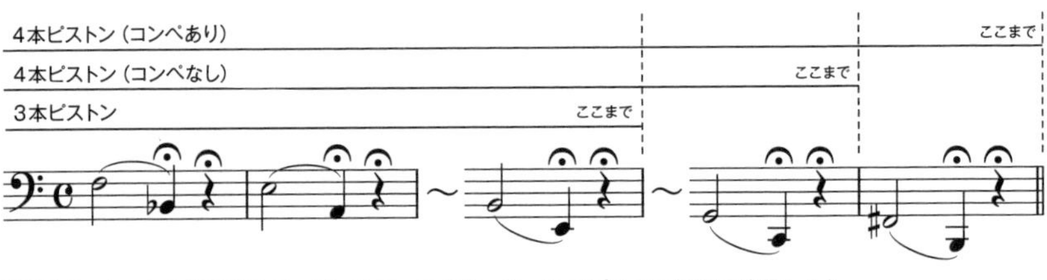

譜例 14　もっとも基礎的なリップ・スラーのパターン。いちばん長い管まで練習しよう

●リップ・スラーの実践

従来の教則本では、２・４の運指までの音しか書かれないことが多かったのですが、それよりも低い音の練習が必要だと感じています。そして、低音は練習に有効なだけではなく、実際の曲の中でも使われます。時間が許すのであれば、ぜひもっとも長い管までリップ・スラーに取り組んでみてください。

リップ・スラーは単純な音程からできているので、和声感をもって演奏しなくてはいけません。p.68では、リップ・スラーを使ったハーモニー練習を紹介しています。ぜひ友達と練習してみましょう。

●鳴りムラ解消にもつながるリップ・スラー

０、２、１、１・２〜と管が長くなるにつれて音が鳴りにくくなりますが、それを最小限に留めるために次の譜例を吹いてみましょう。

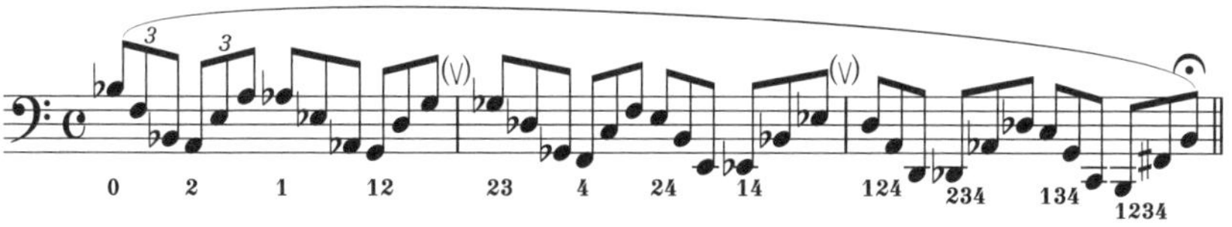

譜例15　インターヴァル練習での注意を確認して吹いてみよう

鳴りムラ解消のために、ふだんは使わないような第４ピストンを使った運指まで練習しましょう。長い管の吹き込みに慣れると、短い管での音抜けが向上します。

音を自由に上下できるようになることは、金管楽器奏者のあこがれです。リップ・スラーを練習することにより、最終的に必要最小限の力で音を上下できるようになるはずです。また、倍音をまたいだリップ・スラーを練習することで、柔軟性がより高まることでしょう。

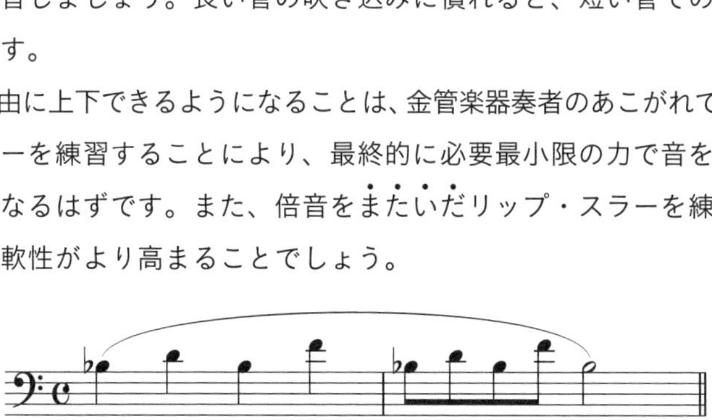

譜例16　倍音をまたいだリップ・スラーの例。第５倍音をまたいでいる

●速いリップ・スラーに挑戦しよう

ゆっくりのリップ・スラーに慣れてきたら、速いリップ・スラーに挑戦してみましょう。速いリップ・スラーができるようになると、唇の柔軟性（リップ・フレキシビリティ）が格段に向上します。速いパッセージを吹くためには、必要不可欠なテクニックの一つです。

譜例 17　速いリップ・スラーの例

速いリップ・スラーは、ゆっくりなリップ・スラーと同様に、倍音間の移動で最小限のエネルギーで吹くように心掛けましょう。低音の余力で高音を吹くようなつもりで吹くとうまくいくかもしれません。ロングトーンを吹いているくらいの一定の息で吹けるようになるといいですね。最初のうちはぎこちないかもしれませんが、少しずつテンポを上げていきましょう。すべての16分音符のリズムが均等になるように。

●どうしても速いリップ・スラーができない人へ

速いリップ・スラーができない人には、タンギングを併用した練習をお勧めしています。

譜例 18　３小節目のリップ・スラーに向けて流れを作ろう

１小節目で息の流れを確認し、２小節目ではその息の流れのままタンギングを使って、３小節目でリップ・スラーのパッセージを演奏します。流れを味方にすれば、難しいリップ・スラーでも吹けるようになります。

レミントンの『ウォームアップ・スタディーズ』には、たくさんの速いリップ・スラーのパターンが紹介されています。参考にしましょう。

スケール

●感性と耳をしっかり働かせよう

皆さんは、スケール練習が好きですか？　スケール練習をするときに、苦痛を感じていませんか？　ツラい練習を一生懸命練習している自分が好きになっているだけではありませんか？

私はできる限り練習は楽しんでやるものだと思っています。どんなものにも楽しさ、すてきさなどを見いだせると思っています。

長調、短調などの「調」は、何のためにあるのでしょうか？　ヴィヴァルディの《春》は、ホ長調だからこそウキウキする感じがして、ベートーヴェンの《運命》の冒頭はハ短調だからこそ、あの深刻な雰囲気を感じられます。スケールを練習するときには、**その調のお気に入りのワンフレーズを思い描きながら**練習すると楽しくなることでしょう。

スケールを吹くときに、とにかく間違わないように、もしくは、暗記した意味不明な呪文のように音を並べてしまっている人が多いように感じます。せっかくの練習なので、楽しんで音楽的に吹きたいものです。音色への配慮、音程感、和声感を大切にしながらスケールと向き合っていきましょう。

スケールは、隣り合った音同士の順次進行で構成されています。リップ・スラーより音と音の間隔が狭いので、唇、息、姿勢のわずかな変化で音が移り変わるはずです。丁寧に自分の音を聴きつつ注意深く練習しましょう。

●中庸な速さのスケール

スケールは、まず、中庸な速さから練習することをお勧めします。なぜなら、曲を吹くような体感を得られるからです。スケールを曲の一部ととらえ、音楽の流れを意識し、音色や音程、音のつながりなどを意識して、ロングトーンの延長のような感じで吹いてみましょう。スラー、テヌート、アクセント、スタッカートなど、いろいろなアーティキュレーションで練習してみます。

譜例 19　中庸な速さをもった、変ロ長調の一般的なスケール

●速いスケール

中庸の速さのスケールに慣れてきたら、速いテンポのスケール練習にも挑戦してみましょう。

ここでは、スラーやタンギングなどで練習をします。速いスケールを吹くときは、以下のことに気を付けましょう。

ここをCHECK!

- ▶ 音色が損なわれていないか
- ▶ 音域による音量や音色の差がないか
- ▶ ブレスがテンポの中で取れているか
- ▶ 指に必要以上の力が入っていないか

私の場合、速いパッセージを演奏するときには、指をやや寝かせていることが多いようです。スケール練習などを繰り返し行うことにより、ちょうどよい自分の操作方法が見つかるはずです。

譜例 20　変ロ長調の速いスケール

スケールは、長音階だけではありません。短音階（自然的短音階、和声的短音階、旋律的短音階）もありますし、半音階もあります。そのほか、教会旋法など、いろいろな音階があります。少なくとも、長音階、和声的短音階と旋律的短音階、そして半音階はできるようにしましょう。

●ゆっくりのスケール

最後に、私がもっとも難しいと感じる「ゆっくりのスケール」を吹いてみましょう。中高生がこのスケールを吹くと、音を「ベター」っと力まかせに並べてしまっていることが多いように感じます。「目指す音」の項（p.24）で書いたような「流れのある音」ではなくなってしまっているのではないのでしょうか？

ゆっくりのスケールに限ったことではないのですが、それぞれの音を吹きながら**自分の中にたまっている力を大気中に逃がしていくことが理想**です。肺を柔らかくして、自分の内側に力をためないようにしながら演奏するのです。姿勢の工夫、ブレスの工夫などによって、それが実現可能なはずです。

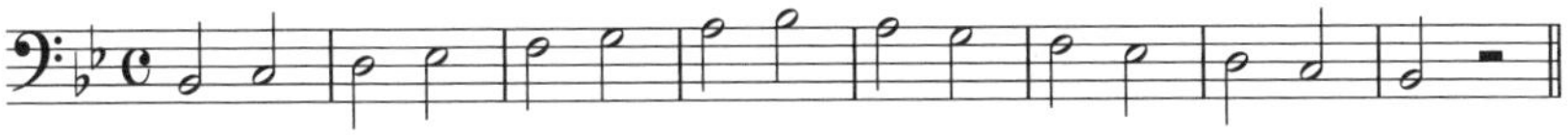

譜例21　変ロ長調のゆっくりとしたスケール

ゆっくりのスケールは、ロングトーンの練習の延長です。中庸な速さのときと同じように、音色、音のつながりやブレス・コントロールなどに気を付けて演奏しましょう。それぞれの音を体に響かせていくように。

p.67からの「アンサンブルのピッチ」で紹介しますが、ゆっくりのスケールを二人以上で輪唱のように練習することもできます。この練習を行うことで、より和声感を伴ったスケールが吹けるようになるでしょう。

●アルペッジョも練習しよう

スケールと同様に、アルペッジョも大切な練習の一つです。跳躍進行が習得でき、さらに和声感も身に付きます。

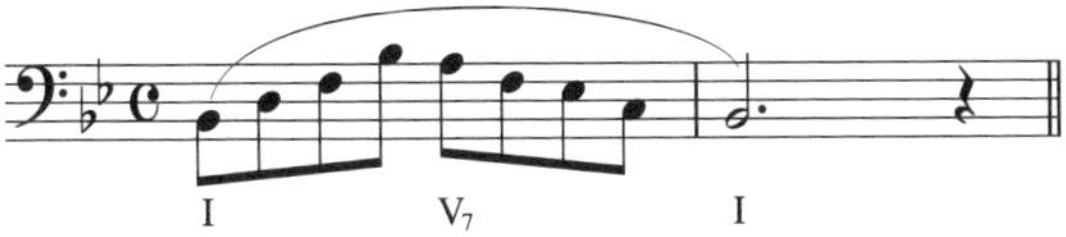

譜例22　アルペッジョ練習の例。すべての長調、短調でできるように。Iは主和音、V_7は属七和音を示す記号

「ほ」その7

音域拡大

●あこがれの高音

金管楽器奏者にとって、輝かしく魅力のある高い音を出すことはあこがれです。しかし、最初から無理のある奏法で高い音を練習すると、悪い不自然な奏法を身に付けてしまう恐れがあります。

「リップ・スラー」の項（p.33）でも説明しましたが、高い音を出すために必要な要素は次のとおりです。

▶息の角度は下向き
▶アパチュアを狭めて速い息を
▶息圧をつかさどる体幹からのエネルギー
▶口腔内の狭さ（無意識に変わる程度に）
▶姿勢の工夫（つま先側、前面に加重する感じで）

高音域を拡大するためには、次のスケール練習を使うことができます。できるところまで吹きましょう。疲れたら休憩することも忘れずに。高い音では口に負担がかかるので、長時間練習しないように気を付けましょう。

譜例23　高音域拡大のための練習例。口への負担も大きいので、疲れたら必ず休憩！

また、低い音域からリップ・スラーを使って音域拡大練習をすることもできます（譜例24）。

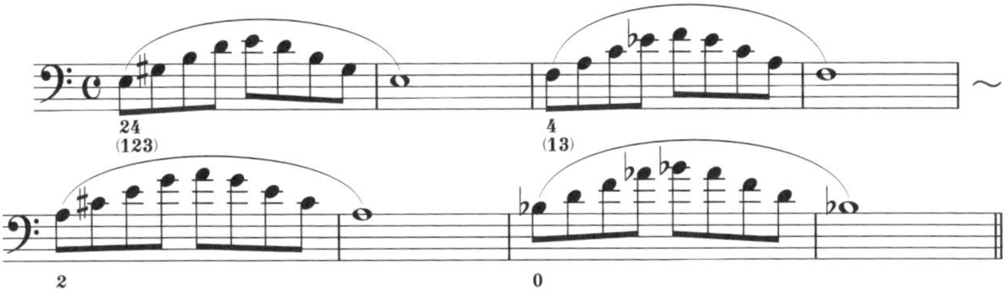

譜例 24　リップ・スラーを混ぜた高音域拡大の練習例

慣れてきたら、高い音を無理なく当てる練習も始めましょう（譜例25）。

譜例 25　短い音での高音域練習。口の負担が軽減される

短い音で練習することにより、口周りの筋肉への過度な負担が軽減されます。負荷が高くなり過ぎる高音域のロングトーンはあまり推奨しません。

従来の教則本では、唇の状態と息の量をメインとして高音域の音の出し方を説明していましたが、それだけでは高音域をマスターできないと思います。体幹からのエネルギー（腹圧や息圧）と姿勢の微調整が必要だと強く感じています。

写真11は、高音域の姿勢を横から見たものです。楽器と自分の位置を、自然に調整しています。私は、高音域ではかかとを上げて少しつま先側に体重をかけていることがあるようです。これは演奏中たまに無意識にやっていたらしく、演奏を見ていた人に指摘されて気付きました。

写真 11　高音域の姿勢。違いを伝えるため、通常よりも傾きを強調している

●低音域拡大のコツ

低音域では、高音域と逆のことをすればよいのです。

▶マウスピースのスロートを狙う真っすぐの息
▶広いアパチュアでのゆっくりの息
▶肺を広く柔らかくして圧力の低い息
▶口腔内は広く
▶姿勢の工夫（体を広くして、より体に響かせる感じで）

実は、私は今でも低音域が苦手です。だからこそ、低音域克服のためにいろいろと試してきました。

その昔、漠然と多くの息を使えばいいと聞いていたので、ものすごくエネルギーを使って練習していた時期もありました。まさに、楽器に怒りをぶつけるような感じで。しかし、そのときは、どんなに頑張っても楽器は鳴ってくれませんでした。楽器と仲良くなれるように、**楽器にすでに満たされている空気に柔らかい空気振動を与えるように吹かなくてはいけない**ということに気付いたのは、つい最近のことです。

低い音を出す際には、舌根を下げる、柔らかい最小限のタンギングを使う、体により響かせられるような広い姿勢で吹く、写真12のように上唇側にマウスピースを乗せる、何よりも穏やかな気持ちで吹く、などのコツがあります。参考にしてみてください。

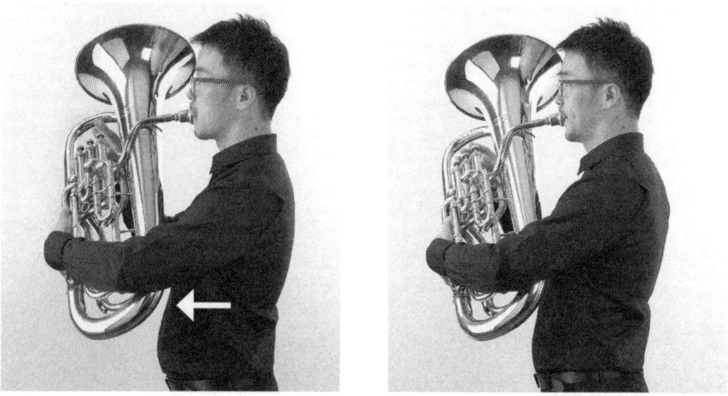

写真12　低音域では、上唇側にマウスピースを乗せるために楽器の角度を微調整する。楽器を立てた結果、U字管部分が体から離れている低音域（左）と、中音域（右）の違いに注目

●低音域拡大の練習パターン

低音域拡大のためにもっともお勧めしたい練習は、譜例14（p.34）のような第2倍音を含むリップ・スラーを、すべてのピストンの組み合わせでやることです。また、リップ・スラーだけではなく、スケールでも低音域練習ができます。

譜例 26　幅広い息になるようにクレシェンドしながら行う

低音域では、高音域に比べて息が速くなくなってしまうのがふつうです。ブレス・コントロールのことはあまり気にせず、ゆっくりの息を幅広く使うようにしましょう。

単音だけで練習する必要もあります。音が下がっていくに従って、口の中の容積やタンギングの位置を変化させましょう。

譜例 27　単音での低音域拡大練習。著者は、低音になるほど舌を寝かせる

●ペダル・トーンにチャレンジしよう

ここまで、基音（ペダル）の音域は出てきませんでしたが、近年のユーフォニアムのソロ曲では、この音域が頻繁に使われるようになっています。低音域拡大のためにペダル音域でのインターヴァル練習をやってみましょう。

譜例 28　ペダル音域でのインターヴァル練習。ゆっくりの幅広い息で

「ほ」その8

ダイナミクス

基本練習の多くは、自然な奏法を身に付けるために*mp*から*mf*くらいで吹きます。しかし、曲の中ではさまざまなダイナミクスが使われているので、ダイナミクス拡大の練習も必要になります。

●息の量や速度だけでは大きい音は出せない

譜例 29　クレシェンド、デクレシェンドを使ったロングトーン練習

大きい音を出したいとき、単にたくさんの息を楽器に送り込んでもあまり大きな音にはなりません。むしろ、音が壊れてしまったりひっくり返ってしまったりという好ましくない状態になります。体に響かせるように吹くことを忘れずに。**多くの息を扱うときには、体でバランスを取る**必要があります。私の場合、たくさんの息を使うときには、体を少し広げるような感じで演奏しています。そうすることにより、ほどよい反動を使える気がしています。

大きい声は、単に息の量を多くしただけで出せるものではありません。同様に、楽器に息をたくさん入れれば、より大きく鳴るというわけではありません。

クレシェンドをすると、ピッチが乱れてしまうことがしばしばあります。ピッチが上がってしまうならば、口や体が硬く、狭くなっている可能性があります。逆にピッチが下がってしまう場合、口の支えが不足している、変に幅広い息を大量に送り込んでいるなどの可能性があります。クレシェンドの際、また反対にデクレシェンドの際には、ピッチが一定になるように、体でバランスを取りながら微調整していきましょう。

「音域拡大」(p.40) にもつながるのですが、息の速度をふつう以上に速くすれば高い音が出るかというと、そうではありません。また、息の量を多くしたからといって、必ずしも音が大きくなるわけでもありません。体のいろいろな部分を調整し、体に響かせるというイメージが、いちばん声と直結するように思います。

全身に声を響かせている、オペラ歌手の姿を思い浮かべるのがよいかもしれません。

●短い音でのダイナミクス

長い音だけではなく、短い音でもダイナミクスの練習をしましょう。

譜例 30　体やタンギングがどう変わっているのか観察してみよう

このような練習をすることにより、**音量にふさわしいタンギング**が自然と身に付けられるでしょう。音量が上がるからといって、強いタンギングをするわけではありません。この場合、***ff***のときには深く体に響かせるように演奏してほしいと思います。体を内側から広げるような感覚で吹くと、良いフォルテのサウンドが得られることでしょう。口先だけの息を使うような浅い音にならないように心掛けましょう。

pと***f***では息の圧力が違うので、タンギングも、それに見合った多少の調整をしなくてはいけないと思います。舌の触れる位置、強さ、シラブルなどを少し変化させて、自分の耳でしっかり確認しながら、それぞれの音量や強さに、もっともふさわしいタンギングを見つけましょう。

fでも***p***でも、楽器が鳴るのにほどよい圧力、あるいは力や振動が、それぞれの音にはあると思います。さらに、息、抵抗と、圧力と、口とか姿勢などを、全部まとめて考えたうえで、ようやくダイナミクスが成立するのでしょう。単純に「ダイナミクス＝息」という構図だけでは説明ができません。

いろいろな要素を別々に考えることも、もちろん可能だと思います。自分でそれらをきちんと聴き分けられる耳を育てて、「自分が好きな音を出せるのはこういう状態のときだ」という確信にたどり着けるまで、一歩一歩進んでいきましょう。

●弱奏の練習

吹奏楽の中では、ユーフォニアムは木管楽器と一緒の動きをすることが多くありますが、特に弱奏部で木管楽器と調和するのは、とても難しいことです。究極の弱奏練習として、ノー・タンギング（ブレス・アタック）による練習があります。

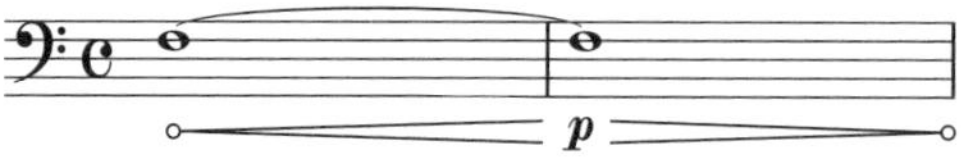

譜例 31　ノー・タンギングによるスタートの練習。空気に自分の音をしのばせていくように

ノー・タンギングの練習をすることにより、唇の反応が向上します。また、弱奏できちんと音が鳴るときと、鳴らないときとの微妙な差を感じ取ることができます。一般的に、**弱奏になるに従って発音はより柔らかく**なります。そのときのタンギングは、レガート・タンギングのような「ル」や「ナ」になっていることもあります。特に弱奏のタンギングが苦手な人は、ノー・タンギングの練習を行い、その後最小限のタンギングを使うような練習を繰り返すとよいでしょう。

ロングトーンだけでなく、弱奏でインターヴァル、リップ・スラー、スケールなども練習しましょう。ムダな力を使わずに吹くことが習得できるはずです。唇の反応を高めるのにとても良い練習です。

実際には、多くの曲に触れ、その曲でどのような音色が求められているかを考えながら、ダイナミクスの練習をするのが望ましいと思います。***f***の代表的な例としては、マーラーの《交響曲第７番》冒頭のテノール・ホルンのソロ、***p***の代表的な例としては、ホルストの《第１組曲》第１楽章の冒頭などがあります。

譜例 32　マーラー：《交響曲第７番》冒頭。großer Ton は「大きな音で」の意

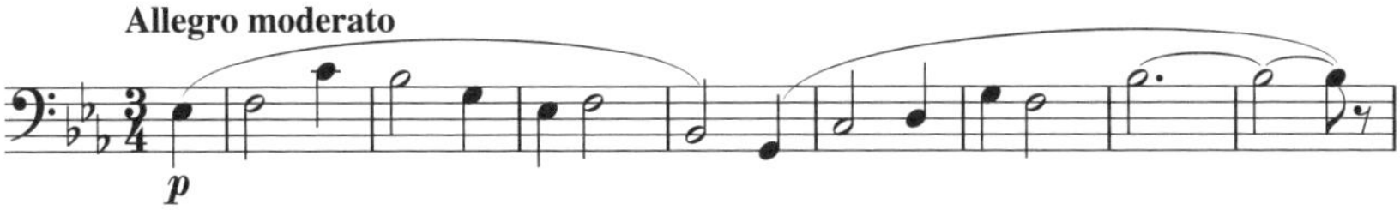

譜例 33　ホルスト：吹奏楽のための《第１組曲》より〈シャコンヌ〉冒頭。テューバとのユニゾンでの弱奏

column コラム

師を語る

私がここに至るまで、熱心に指導してくださった先生方をご紹介します。

最初に本格的にユーフォニアムを教えてくださった渡部謙一先生は、基本的な奏法に加え、精神力、体力、ソルフェージュ力の重要性、世界を見据えた音楽観を教わりました。また、奥様の正子先生にはピアノとソルフェージュでたいへんお世話になりました。

大学時代には、日本のユーフォニアム界を築き上げた三浦徹先生に師事することができて、ユーフォニアムの最大の魅力である、音色を伝授していただきました。長年、東京佼成ウインドオーケストラのユーフォニアム奏者であった三浦先生には、一緒に演奏する機会もたくさんいただき、吹奏楽の中でのユーフォニアムの大切な役割などを、直々に教わることができました。

最初の留学先、ミシガン大学の教授であるフリッツ・ケインズィック先生には、偉大なテューバ奏者であるアーノルド・ジェイコブ氏の“Song and Wind”のコンセプトをはじめ、楽器で歌うこと、そして呼吸法やメンタリティなど、大切な多くのことを教わりました。

２校目の留学先では、ずっと憧れであったブライアン・ボーマン博士に師事することができ、またアシスタントとして、さまざまなことを教えていただきました。私が16歳のときに初めて聴いたユーフォニアムのリサイタルはボーマン氏のもので、魂を揺さぶられる、全身鳥肌が立つような衝撃的な音の記憶が今でも残っています。音色と音楽へのたゆまぬ追求を示してくださった先生です。

私は、このような素晴らしい先生方からいただいた教えの数々を忘れることなく、これからも音楽活動を続けていこうと思っています。

「ほ」その9

ヴィブラート

●ピッチを上下させてつくるヴィブラート

ヴィブラートとは、音に適度な揺れを与えることです。この揺れにより、音に活力や表情が生まれます。音の揺れは、ピッチを上下させてつくります。音量の大小の変化ではありません。

ユーフォニアムでヴィブラートをかける場合には、口を使うのが一般的です。まず、以下の譜例のように練習してみましょう。

譜例 34　口を使ったヴィブラートの練習例

アンブシュアを固定した状態で音を延ばしているときに、顎を上下に動かすことによりヴィブラートがかかります。「アー」では顎を落として、「ウー」では顎が多少締まります。一般に顎の上下と言われていますが、実際には舌も連動して動いているように感じます。はじめのうちは、あまり「アー」と「ウー」で差が出ないかもしれませんが、根気よく練習することで、ピッチを上下できるようになります。

●ヴィブラートの裏技

通常、**高音域では速く幅の狭いヴィブラート**を、**低音域ではゆっくりとした幅広いヴィブラート**を使います。ソロなどでは、クレシェンドの箇所で多めのヴィブラートを使っていくと、音のエネルギーが増して効果的に聞こえることがあります。逆に、ディミヌエンドの箇所ではヴィブラートを減らす、あるいは使わないと、落ち着いた感じの音色を得られることでしょう。ヴィブラート選びも個性であり、音楽的センスです。

●3種類のヴィブラートの向き

通常は、「アー」と「ウー」のバランスを均等にしてヴィブラートをかけます（①）。「アー」を多めにすると深いヴィブラートになり、ピッチも下がります（②）。逆に「ウー」を多めにすると明るいヴィブラートになり、ピッチも上がります（③）。この原理を使えば、楽器の音程感覚の向上が期待できます。ヴィブラートを使わなくても、自在にピッチを上下するテクニックが身に付きます。

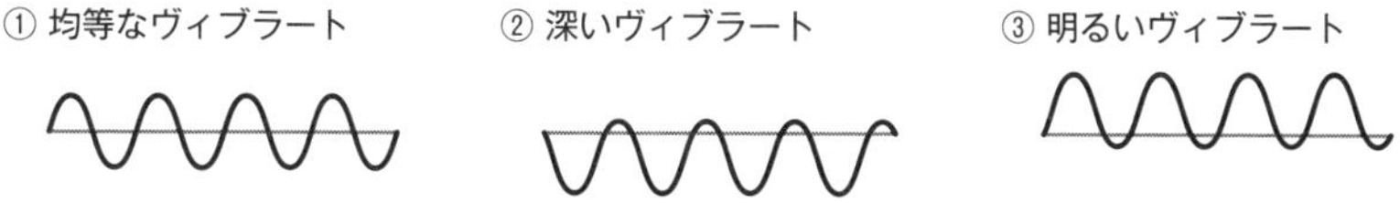

図4　3種類のヴィブラート

●ヴィブラートで音色向上

指揮者や指導者に、「ヴィブラートかけなさい」と言われている人は多いと思います。そう言われる場合、ほんとうにヴィブラートが必要とされているときもあれば、単に音が平面的に感じられるためにヴィブラートをかけるように要求されているのかもしれません。ヴィブラートは、練習することによって音色に深みや立体感が出るようになります。そして、いろいろな音色を使い分けることができると、音楽表現力のアップにつながります。

しかし、ヴィブラートの使い過ぎには注意が必要です。ハーモニーを構成している場合は、基本的にはヴィブラートを使いません。合奏の中でほかの楽器がヴィブラートを使っていないときも、避けたほうが賢明でしょう。

特に、覚えたての頃はヴィブラートを使い過ぎてしまいがちで、チューニングでもヴィブラートのかかった音を出してしまう人を見かけることもあります。

チューニングでは、真っすぐの音でピッチを合わせることが大切です。ヴィブラートに限らず、身に付けたさまざまなテクニックは、いつも「何のために使うのか」「技術によって何を表現できるのか」を考えながら、適切に使い分けられるようにしましょう。

「ほ」その10

ダブル・タンギング、トリプル・タンギング

●ダブル・タンギング

「タンギング」（p.30）で述べたように、通常は「t」の発音を使ってタンギングをします。「タタタタタ」というようなタンギングを、シングル・タンギングと言いますが、速いテンポの曲の場合、このシングル・タンギングでは限界があります。そこで、ダブル・タンギング、トリプル・タンギングが使われます。

ダブル・タンギングでは「t」と「k」の発音を使って「タカタカタ」というように演奏します。最初のうちは息が入っていかず、特に「k」の発音で息が止まってしまいがちです。そのようなときは、次の練習をお勧めします。

譜例 35　息を流し続けながらのダブル・タンギング

最初の長い音符での息の流れのまま、ダブル・タンギングの部分を吹き切れるように、まずはテヌートを意識して練習しましょう。

慣れてきたら、以下のような練習もしてみましょう。

譜例 36　少し長いダブル・タンギングの練習パターン

音高が変わらない場合は比較的容易にできるのですが、音が上下すると難易度が上がり、真っすぐに息が入っていかない、舌に過剰な力が入るなどのトラブルが起きてきます。そこで、次のような練習をお勧めしています。

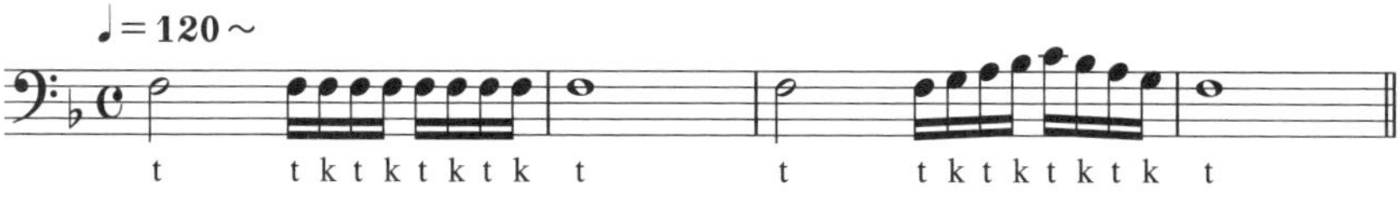

譜例 37　音が変わるダブル・タンギングの練習パターン

同じ音を吹くときと同じような息の流れになるまで、そして舌の動きができるようになるまで、繰り返し練習しましょう。

●トリプル・タンギング

トリプル・タンギングは、主に3連符や8分の6拍子で使われ、「タタカタタカ」、または「タカタタカタ」と発音します。前者（「t」の発音を2回、その後「k」の発音を1回）で行う人が多いようです。『アーバン』でも前者が推奨されています。私も「タタカ」派です。

ダブル・タンギングと同じように、以下のように練習してみましょう。

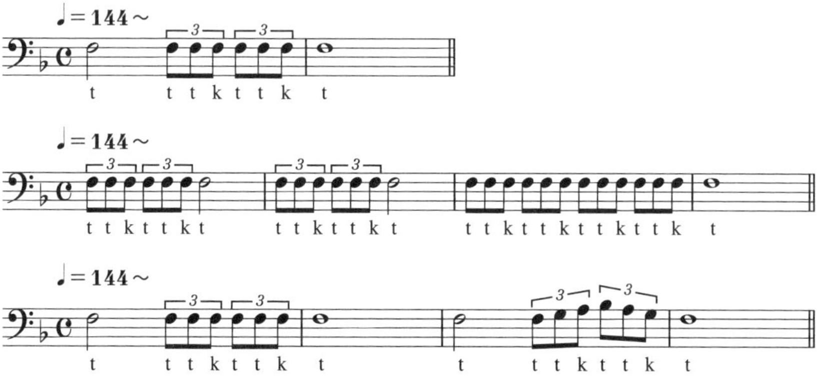

譜例 38　トリプル・タンギングの練習パターンの例。譜例 35 ～ 37 をふまえて練習しよう

なお、より軽さを求めるときなど、シングルで吹ける箇所でも、あえてダブルやトリプルのタンギングを使うことがあります。どちらでも使える場面では、軽さ、重さ、ダイナミクス、音色などを吟味して選択してみましょう。

「ほ」その11

リップ・トリル

リップ・スラーによって二つの音を素早く行き来するテクニックのことをリップ・トリルと呼びます。比較的高音域の倍音間で使います。

●指では難しいトリルの音型

譜例 39　ふつうの指使いでこのトリルを吹いてみよう！

上の譜例のトリルをふつうの指使いで演奏しようとしても、なかなかうまくいきません。指を変えただけでは音が変わらず、のままだったり、のままだったりしてしまいます。この譜例を、4（または1・3）の指使いで、リップ・スラーを用いて吹いてみましょう。

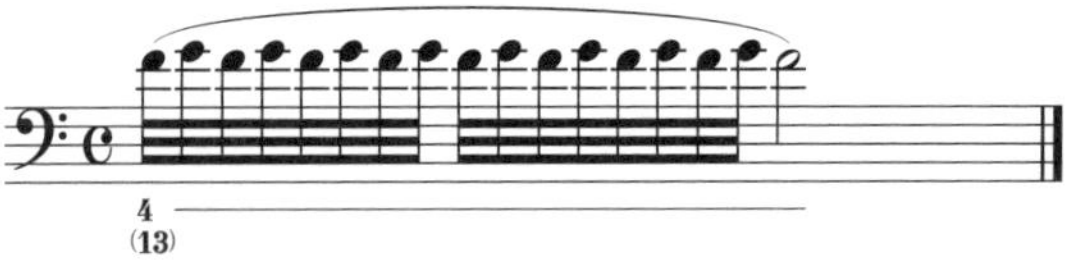

譜例 40　指使いを変えず、リップ・スラーでトリルを吹いてみよう

最初はうまく音が上下しないかもしれません。次のような練習をしましょう。

譜例 41　第８、第９倍音間のリップ・トリル。２音の上下をしだいに速くしていく。半音ずつ上げて練習

を超えると、とたんに「高い音だ！」と思う人が多いのではないのでしょうか？　この練習をすることにより、壁を乗り越えられます！

練習する際には、**大き過ぎない音量で吹く**ようにしましょう。リップ・スラーと同じように、なるべく**少ない力で音を上下させられるようになるのが目標**です。

リップ・スラーとリップ・トリルのコンビネーション練習もあります。

譜例42　リップ・スラーの音型の中にリップ・トリルを混ぜて吹く。半音ずつ上がって練習！

この練習で注意しなくてはいけないのは、上がるときに音を力で押し込まないことです。均一でなくてもよいので、まずは**上行のときに細い息を使う**ことを心掛けます。均一にしようと思って、ムダな力をベースにして吹くことが多いので、注意しましょう。より多くの力を入れて上がるのではなく、微調整の「微」ぐらいで音が行き来できれば理想的です。その際、口の表面や内側の変化は、最小限にとどめたいものです。

私は、リップ・トリルでは２音のうち下の音を狙って出します。上の音はその余力で息をまとめるという吹き方でないと、テンポが上がりませんし、ムダな力で強引に吹いている状況にしかなりません。

●リップ・トリルの最終的な目的

リップ・トリルを含めて、リップ・スラーの最終的な目的は、**最小限の力で音を変えられること**です。実際に曲を演奏するうえでリップ・トリルが必要となることはそれほど多くはありませんが、リップ・トリルを習得すると、高音域がラクに演奏できるようになり、唇の柔軟性も得られる場合があるのです。

「ほ」その12

ピッチのコントロール

●チューナーは便利だけれど

ピッチを簡単にチェックできる方法と言えば、チューナーを思い浮かべる人が多いでしょう。しかし、私はあまり使いません（もちろん、チューニングの基準音を出す際にはチューナーを使います）。確かにチューナーは便利ですが、ピッチをチューナーの目盛りを見ながら覚えるよりも、**自分の耳のトレーニングを優先したほうが、将来的にはプラスになる**と思うからです。

私は、ピアノで弾いた音をペダルを使って保持し、それに調和させるような練習をしていました。

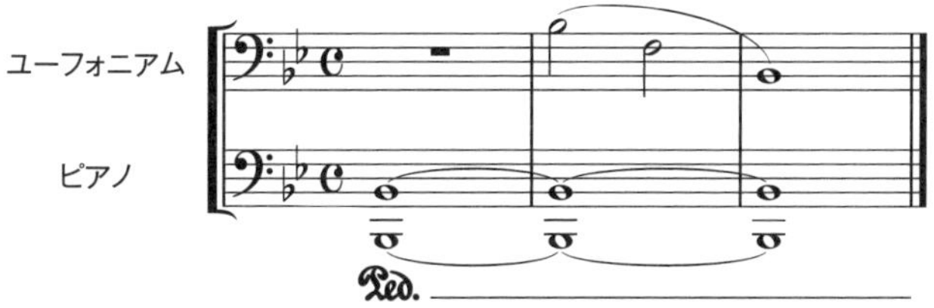

譜例 43　安定した音に自分の音を調和させよう

このようにピアノで音を保持しながら、ロングトーン、アルペッジョ、スケール、リップ・スラーなどの練習をします。そうすることで聴く力が飛躍的にアップします。ハモるポイントを見つけられるようになりましょう。

私は、アメリカ留学時代にたくさんこの練習をしました。日本ではA＝442ヘルツが一般的ですが、アメリカではA＝440ヘルツです。アメリカの低めのピッチに慣れるために、練習室にこもってピアノを使って練習したものです。

ピアノでなくても、安定した音を出せるキーボードなどから音を取ってもかまいません。ほかの楽器の人に音を延ばしてもらって合わせるのも、とても勉強になります。

ピッチが合わないからといって、ムキになって息を吹き込んではいけません。無駄な息の量を使ったりパワーを使ったりすると、まず音色が損なわれてしまいます。体の内側に余分な負荷を与えずに吹くことを忘れずに。

●耳のトレーニング

この本でここまで学習してきた人は、自分が  の音を出しているのか、 の音を出しているのか、すでにはっきりと分かって練習しているはずです。そのうえで、例えば 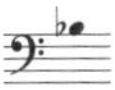 ならば、どのような感じ（何調で背景にどのような和音があるのかなど）の  の音なのか、さらに考えていかなくてはなりません。そうすることにより、音楽に深みが生まれると思っています。

心地よいなと思えるところを見つけられるようにするのが、この項の目標です。根気よくハモりトレーニングを重ねていきましょう。

●「合っていない状態」を体験しよう

譜例43で、ピアノはペダルで音を延ばしていますから、ユーフォニアムが明らかにずれたときには分かりますね。この練習では、「合っていない状態」を体験することで、「合っている状態」が分かることを目指していますから、あせらずに少しずつ行ってください。

将来的に、心地よく調和している状態が、分かるようになるとよいですね。そしてそれが、自分が出したい音に合っているかどうか。ピッチだけでなく音色にも注意して、自分の出したい音のイメージをもつことも重要になってきます。

ユーフォニアムの場合、**第３倍音と第６倍音は高くなりがち**です。反対に、**第５倍音は低めになりがち**です。「ヴィブラート」の項（p.48）で説明したように、ヴィブラート習得がピッチ調節にも役立ちます。

「ほ」その13

おすすめエチュードと使い方

●“定番”のエチュード

ユーフォニアムで使われる代表的なエチュードを4つ紹介します。私は学生時代にこの4冊を同時進行で練習していました。できれば、いくつか（できればすべて）並行して練習するのがよいと思います。

①アーバン：金管教本

多くの基本練習が紹介されている金管楽器奏者のバイブル的存在です。トランペット＆コルネット用のト音記号版をB《ベー》読みで使ってもよいですし、トロンボーン版を使ってもよいと思います。

平易なタンギングを伴うエチュードで、冒頭は音をきちんと当てる練習にフォーカスされています。そのうえで、シンコペーションや付点のリズム、16分音符の吹き方などでセンスを身に付けた後、スケール、インターヴァル、アルペッジョ、トリプル＆ダブル・タンギングの練習が紹介されています。

基本テクニックを融合させた14の特別な練習曲や、13の変奏曲もあり、基本テクニック、音楽性を身に付けるのに最適です。

②レミントン：ウォームアップ・スタディーズ

トロンボーンのために書かれた教本です。『アーバン』ではあまり紹介されていない、リップ・スラーが数多く掲載されている1冊です。リップ・スラーの集中練習をするために、ぜひこの教本に取り組んでみてください。本の最後には、長音階の練習パターンも付いています。

③コプラッシュ：60の練習曲

もともとはホルンのために書かれたエチュードですが、トロンボーン用にアレンジされたものを、ユーフォニアムで使用しています。『アーバン』『レミントン』に比べて、より曲らしい内容のエチュードが続きます。また、タンギング、インターヴァル、アルペッジョ、スラーなど、各エチュードの目的が明確です。基本テクニックを応用させるのに役立ちます。

④ロッシュ：旋律的練習曲

ボルドーニが書いた歌の教本を、20世紀前半に活躍したトロンボーン奏者であるロッシュがトロンボーン用にアレンジしました。歌のようなレガートを学ぶのに最適です。どうすればより音楽的に旋律を吹くことができるかを考えながら、このエチュードを演奏するようにしましょう。最新版には、ピアノ伴奏譜が付いてます。ピアノと一緒に演奏することで調性感と音程感の向上も実現することでしょう。

●初心者は休符やブレスを多めに

例えば『アーバン』は、初心者向けの教本でありながら、はじめのほうの課題ほど、休符が極端に少なく吹きっぱなしになってしまい、ブレスもきつく感じると思います。楽譜どおりに頑張って吹いてしまうと初心者には使いづらいので、無理をせずに、必要に応じて自分で休符を入れたり、ブレスを取ったりしながら進めていきましょう。苦しみながら吹き続けることが、エチュードを使う目的ではありませんから。

●表現力を磨こう

ユーフォニアムは、吹奏楽の便利屋としてさまざまな楽器と多種のパッセージを共有することが多くあります。『アーバン』を練習することにより、直管の金管楽器らしいスタイルを学ぶことができ、『コプラッシュ』を練習することによりオーケストラの中のホルンのような役割を学ぶことができ、さらに『ロッシュ』を練習することにより、歌うように吹くことを習得できます。これらのエチュードを学ぶことによって、ソロ、合奏、アンサンブルで多種多様な表現に対応できるようになるはずです。

「ほ」その14

1日10分のデイリートレーニング

●しっかり聴いて、自然な奏法で

「ウォームアップ」の項（p.25）で書いたように、一日の最初の音出しから最高の音を出すようなつもりで楽器と向き合いましょう。デイリー・トレーニングの目標は、「前の日と同じように」ではなく、「前の日より、より良くく」というものです。人間、常に成長するチャンスがあるはずです。

いつでも、どのような練習でも、しっかり聴くことを心掛けてください。付録のデイリートレーニング・シートは「1日10分」の設定でまとめたものなので、難しい課題は入れていません。得意な課題では自分の長所を究め、苦手な課題では自分の短所を克服しましょう。バランスの良い練習を心掛けたいですね。

課題は、「はじめに」から最後の「ロングトーン」まで、全８項目あります。

一日の練習の最初のうちは、口にも体にもあまり負担をかけるべきではありません。簡単な課題を、頑張って吹くのではなく、自然な奏法で練習してください。**自然な奏法から生まれる自然な音**を探るために、ぜひ役立ててほしいと思います。

●時間が取れないときは……

誰でも学業や仕事などで、練習できる時間は限られています。昔の教則本には「毎日最低２時間練習すること」と書いてありましたが、私は、特にアマチュア奏者に対しては、無理して毎日吹かなければいけないとは思っていません。週に１回吹いただけでも、必ずうまくなる方法はあります。無理のない範囲で、穏やかな気持ちをもって楽器と向き合ってみましょう。時間が取れないときは、音を確認するために、いくつかをかいつまんで練習すればよいのです。

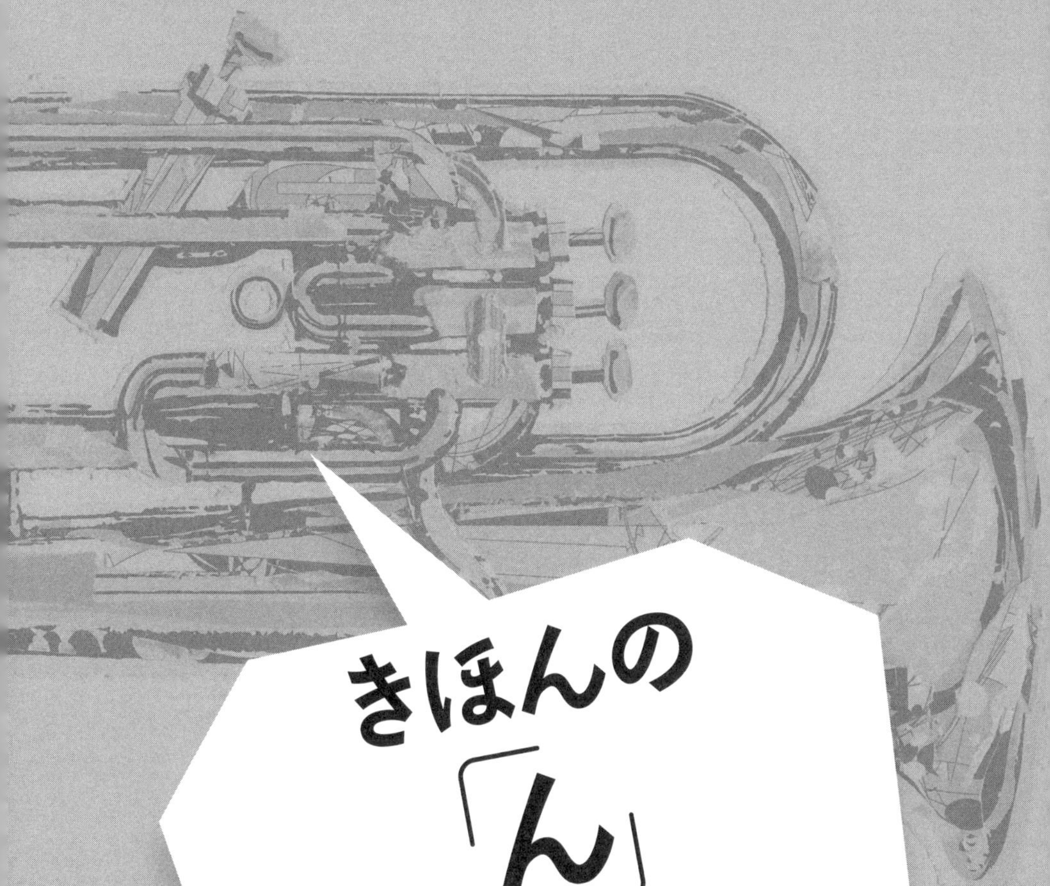

きほんの「ん」

奏法から表現へ

Euphonium

「ん」その1

ソロ楽器としての魅力

●ユーフォニアムの生い立ち

ユーフォニアムの前身となる楽器が誕生したのは、1920年代のことでした。ゾンマーが作った「**ゾンメロフォーン**」という楽器はその中の一つで、もともとソロ楽器として開発されたものです。1851年にロンドンで開かれた「大博覧会」では、ゾンマー自身がゾンメロフォーンでソロ演奏をしたという記録が残っています。

そう考えると、ユーフォニアムはソロ楽器として発明された、新しい金管楽器と言うことができるのではないでしょうか。ちなみに、1900年前後のアメリカで絶大な人気を得ていたスーザ・バンドでも、ユーフォニアムは重要なソロ楽器として使われていました。優れた操作性と機能性を持ち、豊かな音色と音量による表現力のあるユーフォニアムは、ソロに適していると言うことができます。

●ユーフォニアムでソロを楽しもう

ユーフォニアムには、バッハ、モーツァルト、ベートーヴェンら、偉大な大作曲家によるオリジナル作品はありませんが、それでも、ユーフォニアムにとって重要な作品はあります。

例えば、チェロの曲はヘ音記号で書かれていることが多く、音域も近いので、ユーフォニアムで演奏するのに適しています。そのほかにも、トロンボーンのソロ曲はそのまま演奏できますし、ト音記号読み（B《べー》読み）ができればトランペットの曲も演奏できます（p.19参照）。in Fのト音記号読みをする必要はありますが、高音域練習のためにホルンの曲に挑戦するのもお勧めです。低音域練習として、テューバの曲をやってみるのもとても良いことです。

現代の作曲家によるユーフォニアムのオリジナル作品も増えつつあります。皆さんも、ユーフォニアムでソロを楽しんでみましょう！

コラム

私のおすすめソロ曲

ポンキエッリ：《フリコルノ・バッソのための協奏曲》

19世紀の名の知られた作曲家による、数少ないユーフォニアムのレパートリーの一つ。ポンキエッリは《ラ・ジョコンダ》で知られるオペラ作曲家です。ユーフォニアムは昔から機能性にも富み、歌うことに適した楽器だということが、この曲からわかります。

ホロヴィッツ：《ユーフォニアム協奏曲》

ユーフォニアムのために最初に書かれた、複数楽章で構成される本格的協奏曲。重厚で勇ましい第1楽章、甘美なメロディが印象的な第2楽章、華やかでテクニカルな第3楽章からなります。コンクールやオーディションなどでも頻繁に使われる曲で、一生涯かけて追求したくなる魅力のある作品です。

スパーク：《パントマイム》

吹奏楽や金管バンドで人気の作曲家スパークによる初期のユーフォニアム作品。ユーフォニアムのおいしいところを詰め込んだ小品で、叙情的でどことなく切ない緩徐部分と、ワクワクするテクニカルな部分が交錯します。1986年に作曲された作品で、今もなお聴衆を魅了しつづけています。

アーバン：《ヴェニスの謝肉祭》変奏曲

もともとはコルネットのための作品。フレージングなどの音楽性、アーバンの教本に紹介されているほとんどすべてのテクニックを、この曲で習得することが可能です。私の師匠である三浦徹先生の十八番でもあります。私は、三浦先生の《ヴェニスの謝肉祭》を聴いて育ちました。

デ・ルーカ：《ビューティフル・コロラド》

1900年前後に絶大な人気を博していたスーザ・バンドのユーフォニアム奏者が作曲した、古き良きアメリカが感じられるソロ曲です。同じくスーザ・バンドで活躍していたユーフォニアム奏者マンティアも、叙情的でかつ技巧的なソロ曲の数々を残しています。

カプッツィ（カテリネット編）：《アンダンテとロンド》

ユーフォニアム（またはテューバ）のために編曲されたカプッツィの《コントラバス協奏曲》の第2、3楽章部分。基本的なスケールとアルペッジョからできているので、基本テクニックの習得に最適です。古典派らしい様式美や旋律の美しさも学ぶことができます。

B.マルチェッロ：《チェロ・ソナタ第1番》

朗々とした緩徐楽章とテクニカルなアレグロが交互に出てくる作品で、タンギング練習にも最適です。ユーフォニアム用やトロンボーン用に編曲された楽譜も出版されていますが、ぜひチェロの楽譜を使って演奏してみましょう。

「ん」その2

アンサンブルの喜び

●「ハモる」ためのチェック・ポイント

多くの吹奏楽曲では、ユーフォニアムは一つのパートで書かれているので、パート練習などではユニゾン中心になってしまいがちです。しかしユーフォニアムでも、ホルンやトロンボーンのように、「ハモる」という感覚は必要になります。

①テンポ感を共有できているか
②音色や音程、音量、音型の統一感があるか
③各自が自分のパートを理解して演奏できているか
④相手を思いやりながら演奏できているか
⑤良いセンスで演奏できているか

①〜⑤がすべてクリアされなければ、ほんとうに「ハモる」ことはできないと思います。いちばん身近なアンサンブルは、ユーフォニアムのデュエット（2重奏）ではないでしょうか。

●ユーフォニアム・デュエット

『アーバン金管教本』には、平易なデュエットが多数掲載されています。ここではその中から1曲紹介しましょう。

譜例 44　『アーバン金管教本』より No.2 Russian Hymn

この曲では同じタイミングで二人が吹き始めます。そのためには合図が必要ですが、**1番の人が予備拍1拍で、体と呼吸を使ってテンポを示せば十分**

です。きちんと合図を出そうと思って、不必要に大きなブレス音を出したり、お互いに何秒も見合ったりする必要はありません。

途中にテンポの変化の指示はないので、ある程度テンポを一定に保つように心掛けます。フレーズごとに呼吸を合わせれば大丈夫だと思います。

「音楽的に考えて」と言われると、不自然な強弱の変化、大げさなアッチェレランドやリタルダンドを付けてしまうことが多いのですが、これはとてもシンプルな音楽ですから、過剰な表情はふさわしくありません。どのような曲にも、その曲が求める、ごく自然な表情や表現があるので、楽譜からそれを探し出して吹いてみましょう。

独りでは味わえない音楽の広がりがありますから、一度「ハモる」ことの喜びを知れば、アンサンブルがどんどん楽しくなります。

アンサンブルは「調和すること」が第一と思いがちですが、**個性と個性がぶつかり合う楽しみ**もあります。たとえば二つの音を重ねるときに、違った個性の音同士のほうが、より立体感のあるサウンドになります。もちろん統一性や協調性も大事ですが、それだけでは面白いアンサンブルにはなりません。

ユーフォニアム以外の楽器と演奏することも、とてもためになります。前記の5つのチェック・ポイントをもう一度確認しながら、積極的にいろいろな楽器とデュエットを楽しんでください。

◆お勧めのデュエット曲

アーバン：『金管教本』より

ブルーム：『12の２重奏』

ヴォックスマン：『２重奏曲集』

アムスデン：『２重奏教本』

モーツァルト：《ファゴットとチェロのためのソナタ》K.292

●金管アンサンブル

ユーフォニアムには、良い音色でほかの楽器を包み込むような包容力があります。楽器の機敏性もあり、さまざまな使われ方をしています。金管アンサンブルでは、金管6重奏、8重奏などで多く用いられているほか、変則的なアンサンブルでも使用されています。

金管アンサンブルの中でユーフォニアムを演奏する際には、デュエット演奏の際の注意事項に加え、以下のことに気を付けてください。

◆金管アンサンブルのチェック・ポイント

①ほかの楽器と音色、発音、音程が合っているか

柔らかい音色が特長のユーフォニアムは、音の立ち上がりが、どうしてもほかの楽器よりも不明瞭になってしまいます。また、ベルが上を向いているために音が埋もれがちで、客席でははっきり聞こえないことがあります。周囲に合わせるためには、音の速度を上げることも必要になります。自分の感覚を磨くとともに、ほかの人に聴いてもらい、ほどよい調和の仕方を見つけましょう。

②アンサンブルの中で自分の役割を理解できているか

自分のパートがメロディー、対旋律、伴奏、最低音のどれを担当しているかによって、音量、アーティキュレーション、音色、発音などの選択とコントロールを変えなくてはいけません。そして、どの楽器とどのような関係にあり、どのような役割を受け持っているのか、事前に理解しておくことが大切です。

世界的に活躍している金管アンサンブルで、ユーフォニアムがどれだけ使われているかというと、残念ながら、ジャーマン・ブラスやカナディアン・ブラスが、たまに効果音的な持ち替えで使用している程度のようです。かつてのフィリップ・ジョーンズ・ブラス・アンサンブルやエンパイヤ・ブラスにも、ユーフォニアムは入っていませんでした。

私の所属している「侍ブラス」は、発足したときに、「ユーフォニアム搭載」を「売り文句」の一つにしていたほどです。従来のピュアな金管アンサンブルの響きにユーフォニアムの幅広い音色を加えることにより、より重厚で豊かなブラス・サウンドになります。

●「バリ・チュー」アンサンブル

日本では「バリ・チュー」と略して呼ばれる、ユーフォニアムとテューバのアンサンブルは、1970年代までに誕生したようです。もともとは大学の授業の一環として、これらの楽器の専攻学生がアンサンブルの単位を取得できるように、アメリカのテネシー工科大学で始まったようです。その後、国際ユーフォニアム・テューバ・カンファレンスで演奏が披露され、世界中に広まっていきました。

1975年には、日本ユーフォニアム・テューバ・アンサンブルの先駆者となる「東京バリ・テューバ・アンサンブル」という大編成のアンサンブルが誕生しました。CD録音も残しています。

「バリ・チュー」4重奏は、弦楽4重奏（ヴァイオリン2、ヴィオラ、チェロ）のような同族楽器による良さとともに、ユーフォニアム2本とテューバ2本という安定感もあります。もちろん、もっと大きな編成でのアンサンブルも行われます。

実は、「バリ・チュー」は日本独自の呼び方で、アメリカでは、ふつうに「ユーフォニアム・テューバ・アンサンブル」と言っています。なんでも省略したがるのは日本人の特徴ですね。

近年ではこのアンサンブルが盛んになり、国内外で多くの新しいレパートリーも生まれています。

●吹奏楽

ユーフォニアムは吹奏楽の中で、便利な楽器として使われていると私は感じています。美しいメロディーや対旋律を吹いたり、テューバなどの低音と音楽の土台を築いたり、時には木管楽器のような軽やかなパッセージを受け持ったりもしています。

大きな編成になると、離れた楽器の人たちとリズムや速度を合わせる意識や、響きを調和させようとする努力が欠かせません。そのためには、「聴く」トレーニングが必要になりますし、また「予測する」という技術も必要です。

ユーフォニアムは奏者の右側にベルがあるので、周りの音は主に左耳で聴くことになります。自分の吹奏感だけで吹いている人が多い気がします。左耳で周囲の状態を注意深く聴く意識をもちましょう。しかし、ほかの楽器を聴き過ぎてしまうと、自分の入るタイミングが遅くなってしまうことがあるので注意が必要です。

たとえば、これはオーケストラでの私の経験ですが、ムソルグスキー作曲(ラヴェル編曲)《展覧会の絵》の〈ビドロ〉のソロを吹くときに、コントラバスがすごく離れたところにいると、たいへん困ります。自分勝手に吹くのはとても危険です。そこで私は、コントラバスのボウイングを察知するなど、あらゆる神経を使って演奏しています。

その一方で、予測して吹くことに偏り過ぎていると感じる場合も少なくありません。これも、さまざまな状況を察知して吹いていないために、そうなってしまうのです。

吹奏楽では、「早めに出ればいい」と思いがちですが、それでは、テンポと音を外さないことしか考えておらず、音色や和音の面での予測が欠落してしまっています。適切に音楽全体を予測していくことが必要です。

聴いて予測するトレーニングのためにも、ぜひいろいろな楽器と簡単なアンサンブルを楽しんでみましょう。アンサンブルのために書かれた曲を使わなくても、一緒に基本練習をすることによって、音色の調和、音程の一致を習得できるはずです。

column
コラム

先輩のベルから、先生のベルから

二人以上でユーフォニアムを演奏する時に、どちら側に座るか（立つか）迷いませんか？　通常は、1番ユーフォニアムの人のベルが、2番ユーフォニアムの人に向くように座り（立ち）ます。パート練習などのときには、このようなベルの向きでやってみましょう。後輩は、先輩の音をより鮮明に聴いて、さまざまなことを感じることができるはずです。私もこれまで、先生のベルからたくさんの音と愛をいただきました！

「ん」その3

アンサンブルのピッチ

●ハモりをマスターしよう

初心者のチューニングを聴いていると、チューナーで合わせているのに、「よくこの音で合っていると思えるなあ」と、とても驚くことがあります。音色のことをすっかり忘れて、目盛に合ってさえいればOKだと勘違いしているのです。日頃からチューナーに頼る人ほど、合奏で他者と合いにくい音色になってしまっていることが多いようです。

チューニングでは、ユニゾンで合わせることが多いかもしれませんが、実はこれがけっこう難しいのです。幅と表情のある完全5度やオクターヴのほうが合わせやすく、ハモった実感をもちやすいので、こちらから練習してみましょう。最初は合わなくても、音が動くうちに、だんだん合うようになるはずです。

p.28で紹介したインターヴァル練習を、次の譜例のように練習してみてください。完全5度とオクターヴできちんと音程がはまるように。また、**音程を合わせても、音色がそろっていなければ、調和することができません。**

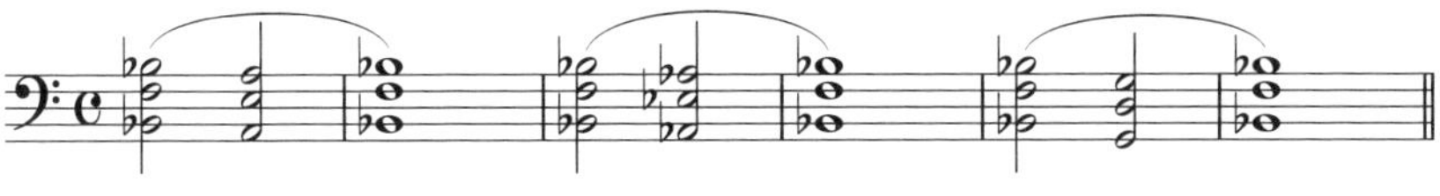

譜例45 「ハモり」ながらインターヴァル練習をしてみよう

電子音で合わせることも多いようですが、電子音だと、合っていても、あまりその実感がもてない気がします。楽器を超えて、人と人の気持ちが通じ合うような感じでピタッと音程と音色を調和させられるとよいですね。

次ページの譜例のように、簡単なスケール練習を「ハモり」で行うことで、自然に長3度、短3度の取り方が意識できるはずです。

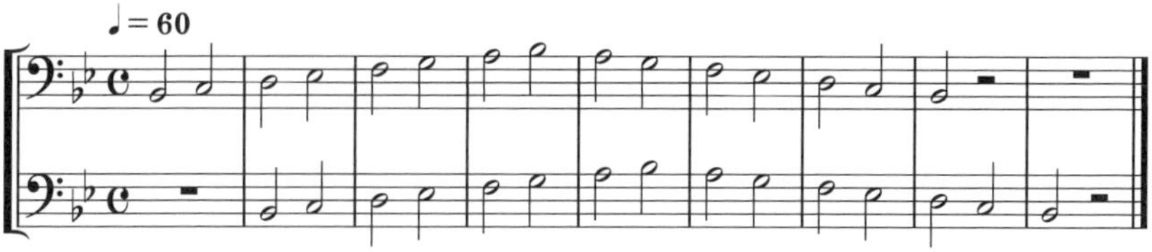

譜例 46　1小節ずれた音階カノンでデュエット練習

fで練習する場合でも、延びている音の間でゆとりを感じられるように、左耳をオープンにしてよく聴きながら、吹奏感だけで吹かないように注意します。

この練習ではメトロノームを使いません。お互いに音に適度な流れを付けてあげましょう。2小節目で2番が入ってきます。そのとき、1番の流れにほどよく乗ることを意識しましょう。

また、リップ・スラー練習もデュエットで行うことにより、和声感と音程感の向上が期待できることでしょう。

譜例 47　タイミングをずらしたリップ・スラー練習

速いタンギング練習、速いスケール練習でも、以下のように「ハモり」を意識した練習ができます。

譜例 48　「ハモり」ながらタンギング練習をしてみよう

譜例 49　タイミングをずらした速いスケールの練習

こうした練習の場合、自分よりうまい人と一緒に吹くと、さらに効果的です。アンサンブルの喜びにもつながりますし、呼吸感も感じられます。例えば同じ「ド」の音を吹いても、自分の「ド」とうまい人の「ド」は何が違うのか、考えるきっかけにもなるでしょう。

column コラム

音楽を頑張るとはどういうこと?

楽器を演奏することを、スポーツのようにとらえていませんか？ 「こんなに頑張って吹いたのに、結果に結びつかなかった」とか、「一音も外さなかったのに結果に結びつかなかった」と言う人が、けっこういます。運動として「外していない」とか、「正しい音量で間違いなく吹いたのに」というわけです。例えば「もっと吹いて」と言われると、思いっきり息を吹き込んで「やりました！」と言わんばかりの音で吹いてしまうなど。

音楽には、目に見えないもの、数値では計れないものがたくさん潜んでいます。だからこそ尊いのです。一生涯かけて、音楽のすてきさを探していきましょう。

「ん」その4

スコアの使い方

●自分とほかの楽器の関係が分かる

「アンサンブルの喜び」(p.62) で説明したように、ユーフォニアムは、さまざまな使われ方をしています。スコアを読むことにより、合奏の中での自分の役割や、自分と同じ動きをしている楽器などが分かるはずです。

中高生の場合、スコアを見るのは、自分のパートがある程度吹けるようになってからでよいと思います。そして、ただスコアを眺めるだけでなく、ほかの楽器の動きもユーフォニアムで吹いてみましょう。

①自分の役割を知る

まず、自分が今、主旋律なのか対旋律なのか、伴奏なのかを把握する必要があります。そして、どの楽器と同じ動きをしているのかを理解するようにしましょう。

②ほかの楽器がどのように動いているのかを知る

自分のパートを知っているだけでは、音楽の理解度が足りません。ほかの楽器がどのような動きをしているのか、そしてそれらの楽器と自分の楽器がどのような関係にあるのかを、スコアを使って把握しましょう。

③調性、ハーモニーを知る

伴奏でハーモニーをつくるときはもちろん、旋律を演奏するときでも、どのような調で、どのような和音を構成しているのかを把握しなくてはいけません。どのような和音のどの音を受け持っているのかを理解すると、音程合わせが容易にできるようになりますし、曲のもつ表現の世界が理解できるかもしれません。

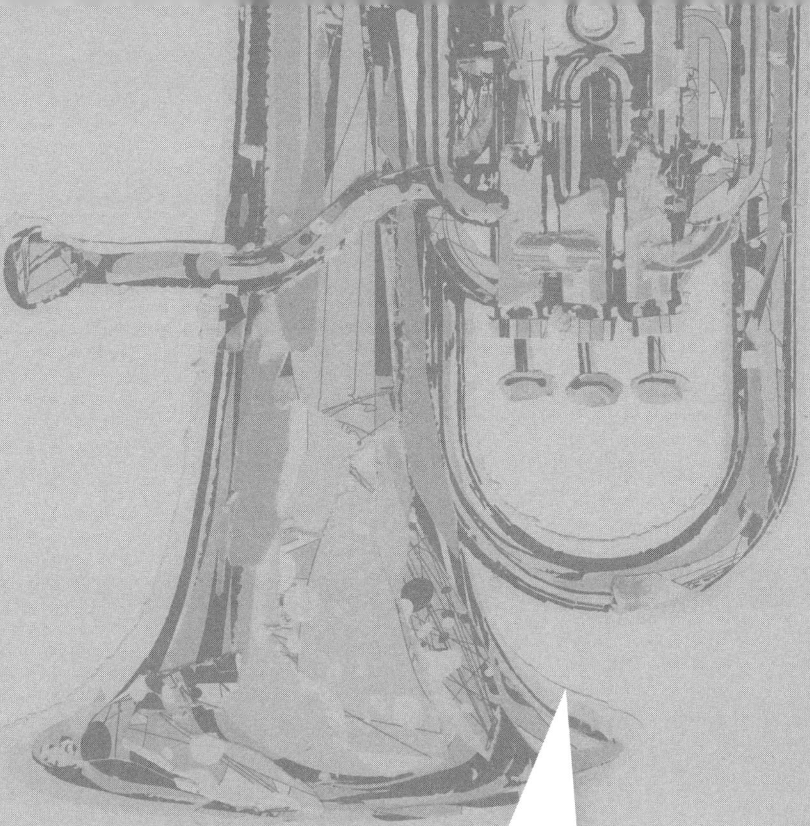

きほんの「上」に
楽しく音楽を続けよう

Euphonium

「上」その1

1日の練習の組み立て方

●練習メニューは目的に合わせて創意工夫

楽譜に書かれているとおりに吹くだけの練習を繰り返すよりも、目的に合わせて創意工夫し、練習メニューをみずから組み立て、その成果を確認しながら練習する。効果がみられなければ、メニューの変更・追加を検討する。

私は、このような練習が理想だと思っています。例えば、練習中の曲の難しいところを克服するために必要な基本練習を、ウォームアップや基礎練習に取り入れるのは、とても良いアイディアです。

こうしたことを考えたうえで、まずウォームアップをしましょう。最低でも、10分間のデイリートレーニング程度の音出しはしてほしいと思います。

その後、曲の練習に入りますが、ほんとうに効果的な練習とは、どういうものでしょうか。インテンポで、何度も同じ箇所をただ繰り返すような練習では、いつまでたってもうまく吹けません。難しいパッセージがあれば、なぜうまく吹けないのか、原因を探ってみましょう。そして、うまく吹くためには、どのような基本練習が効果的かを考えてみるのです。

例えば、このような練習方法はいかがでしょうか。

①テンポを落としてみる
②一つ一つの音が良い音で演奏できているか確認する
③奏法に無理がないか確認する
④ダイナミクス、アーティキュレーションを変えてみる

楽譜に書かれているとおりのテンポやアーティキュレーションだけで練習するのではなく、**自分のできないところを、どのように一つ一つクリアしていくか**という手順が大切だと思います。

次のページの譜例のポイントは、ユーフォニアムにとっては比較的高度な技術が求められる広い跳躍。クリアするには、広いインターヴァルのリップ・スラーとタンギングの練習が必要になります。

譜例 50　モーツァルト：《ファゴットとオーケストラのための協奏曲》K.191　第３楽章より

広いインターヴァルを無理なく演奏できるように、やや弱めのダイナミクスや、スラーで練習したりします。スラーで練習する際には、なるべく「エコ」に上行するリップ・スラーのように。倍音をまたいだリップ・スラーが必要になります。徐々にテンポを上げ、最終的にはイン・テンポで無理なく、良い音で演奏できるまで練習しましょう。

●時間の長さよりも、方法と内容が重要

「１日に何時間練習すればよいのですか？」という質問をよく受けます。

練習時間を決めて練習すると、吹き過ぎにつながってしまう恐れがあります。疲れたら休む。吹きたければ吹く。そんな体の声に耳を傾ける必要があります。疲れても吹き続けていると、奏法が乱れたり、惰性で演奏したりしてしまうおそれがあるからです。きちんと頭を冷やす時間を取って、自分の状況を冷静に再確認する必要があります。

私は、昔の教本に書いてあるように「毎日最低２時間練習しなくてはいけない」などとは思いません。練習時間の長短だけが上達を左右するのではなく、その方法や内容が重要なのです。

だから、「何時間練習すればよいか」という質問に対する私の答えは、「**自分に必要とされている練習と、やりたい練習をやればいい**」です。「必要とされている練習」とは、取り組んでいる曲に関連する練習のこと。譜面そのものの練習に加えて、この項で示されている創意工夫のある練習をしてみましょう。「やりたい練習」は、例えば、「将来こういう曲をユーフォニアムで吹いてみたい。こういう表現ができないだろうか」と思うところからスタートします。将来のすてきな音楽のために、コツコツと下準備しましょう。

今、部活や所属団体で吹いている曲だけが音楽ではありません。もっと広い世界に一歩を踏み出し、あなたにとっての新しい音楽を探してみましょう。

「上」その❷

楽器のメンテナンス

●齋藤ダメる君の場合

「調子が悪ければまず楽器を疑え、そして次にマウスピースを疑え、それでも問題がなければ自分を疑え」と豪語していたプロ奏者がいました。自分の調子が悪いと思っていても、実は楽器が原因ということがたくさんあります。ここでは、ダメる君の楽器メンテナンス失敗談を紹介します。

ダメる君は毎日、汗をかきながら一生懸命練習していました。一刻も早く楽器で音を出したくて、ヴァルヴ・オイルやグリスなどの手入れもせずに、即練習の日々でした。練習が終わると、ケースにも入れず、そのまま楽器を放置して練習室を後にしていました。楽器を出したままにしていると、いつでもすぐに練習できるので便利です。

そんな毎日が続いたある日、楽器のメッキがはがれていることに気付きました。「まあいいか」と思ってそのまま使い続けていたら、今度はそこの金属が薄くなっています。「まだ大丈夫」とさらに使い続けていると、なんと本番前に穴が開いてしまったではありませんか！　その日の本番は何とか養生テープを貼って乗り切りました。

別のある日、時間があったので、ほんとうに久々にピストン部分の掃除をしました。たくさんの汚れがたまっていたので、綿棒で丁寧に汚れを取っていると、小さな綿棒が、薄くなった金属部分を突き破ってしまったのです。ピストン内部の金属の部分が腐食していたようで、組み立ててみたら、壊れて出ない音があるという状態になってしまいました。

●ダメる君に学ぶ

楽器を吹いた後は、必ず汗や手あかを乾《から》拭きしましょう。そうすることにより、格段に劣化を防ぐことができます。メッキがはがれてからは、劣化が特に速く進行してしまいます。早めにリペアの専門家に相談しましょう。ダメる君の穴の開いた楽器は、リペアの人に金属を貼ってもらって、再び使うことができるようになりました。

楽器を出しっ放しにしていると、ヴァルヴ・オイルやグリスが乾きやすくなります。練習後にはオイルを差すのがおすすめ。グリスが乾いてしまうと、スライドが抜けなくなってしまいます。ふだん水がたまらない管でも、たまに抜いてグリスを塗っておきましょう。楽器の出しっ放しは、転倒の危険性も高まります。私は、東日本大震災以来、必ずケースにしまうようになりました。

楽器の内部は、腐食が起きやすく、錆《さび》が発生しやすい状況にあります。ダメる君の楽器のピストン部分は、汚れのもとで腐食が進んでしまっていたようです。汚れても何とか音が出ていた状況だったのです。

特にユーフォニアムは、掃除をしようと思っても手の届かない場所が多く、一説によると管楽器の中でいちばん汚いのはユーフォニアムだそうです。**定期的に楽器店で洗浄、調整、メンテナンスをしてもらう**ことをお勧めします。

本番前に楽器の手入れをしたくなることもあると思いますが、ダメる君の例もあるので、本番直前の手入れは避けたほうがよいでしょう。

実は、この失敗談の中に良かった点が一つあります。それは養生テープでの応急処置です。ガムテープのような粘着力の強い、テープ片が残ってしまうようなものを使わなかったのが、ダメる君の唯一の救いかもしれません。

●マウスピースを替える前に

楽器の次に疑いたくなるのがマウスピースです。音が汚い、高い音あるいは低い音が出ない、ノイズが多い、音程が悪い、大きい音が出ない……。このような悩みをもったときに、マウスピースを替えてみようと思うことでしょう。楽器を買い替えるより安く音色や吹奏感、機能性を変えられる点はとても魅力的です。

マウスピースを替える場合には、何のためにマウスピースを変更したいのかをまず考えましょう。そして、その効果を得ることによって生じるデメリットも考慮しなくてはいけません。（「マウスピースの選び方」p.80参照）

●日常の楽器メンテナンス

①ピストン周りの手入れ

ピストンは、金管楽器の心臓部と言えるほど大切な場所です。ヴァルヴ・オイルは、毎日、または数日おきに差すとよいでしょう。注油の際には、ピストンを半分程度引き抜き、オイルを差します。そして、ピストンを軽く回転させながらなじませます。

オイルのべとつきがあるときは、ピストンとピストン・ケース内の余分なオイルを布で拭き取ります。ヴァルヴ・オイルの種類を変えるときにも、この作業が必要となります。ティッシュ・ペーパーのような毛羽立ちのあるものは、決して使わないように注意しましょう。

ピストンの穴の部分にはヘドロが付着しやすくなっています。取り出したときにブラシなどで掃除をして、水で洗い流すことも必要です。

ピストンのフェルトが劣化することもあります。ピストンを動かすときに雑音が目立ち始めたら、交換時期と言えます。

ピストンには、ヴァルヴ・ガイドと呼ばれるプラスチック製のツメ（昔の楽器の場合、多くは金属製）がついています。ヴァルヴ・ガイドの摩耗がないかどうか、定期的にチェックしましょう。この部品の交換は、自分でできる場合もあります。

ピストンのボトム・キャップも、定期的に開けてみるようにしましょう。ピストン・ケース内下部にオイルやヘドロのカスがたまってしまうことがあるからです。

②スライドの手入れ

ピッチの調整のためだったり、楽器の中にたまった水を捨てるためだったり、スライドを動かす機会はたびたびあります。スムーズに動くように、また金属が摩耗しないように、スライドにはスライド・グリスを塗ります。1週間に1回程度、薄く塗ってあげるとよいでしょう。

スライドの端にグリスを塗り、それを回転させながら広げていきます。スライドが汚れてきたら、洗剤を使って水洗いすることも必要になります。

水抜きにはコルクやゴムがついています。これらも劣化していくので、たまにチェックするようにしましょう。

③マウスピースの掃除

マウスピースは常に口と接触しているので、清潔にするように心掛けましょう。ふだんは水洗いや台所用洗剤を使っての洗浄程度でよいですが、たまにはマウスピース・ブラシを使って内部の掃除もしましょう。

④外面の手入れ

汗や手あかは、楽器の劣化を招きます。演奏後に楽器を乾拭きする習慣をつけましょう。楽器のクロスは、楽器専用のものを使うのが無難です。タオルやごわついた布では、楽器を傷つけてしまう危険性があるからです。

銀メッキの楽器で変色が気になるときには、シルバー・ポリッシュ（銀磨き）を使ってもよいでしょう。ただし、過度な使用はメッキの劣化を招くおそれがあります。

⑤楽器の洗浄

使用頻度にもよりますが、数か月に1度程度は、楽器の丸洗いをお勧めします。きれいに掃除した浴槽にぬるま湯を張って、中性洗剤を入れ、その中に一晩程度楽器をつけ置きします。その後、楽器用のブラシですべての管を掃除します。最後に真水で洗い流し、水気を拭き取って、ヴァルヴ・オイルを差し、グリスを塗ります。

ユーフォニアムは複雑な構造をしているので、どうしても手の届かない場所があります。毎年、あるいは数年に1度は、楽器店でリペアの専門家に楽器の洗浄と調整をお願いするのがよいでしょう。

「上」その3

楽器購入のアドヴァイス

●もっとも重要なのは音色

楽器はきちんとメンテナンスさえすれば20〜30年、場合によってはそれ以上にわたって使い続けることができます。だからこそ、購入するときには慎重に選びたいですね。

私が**楽器を選ぶ際にもっとも重要視するのは音色**です。音色はメーカーによって違いがあり、同じメーカーでも型番によって異なります。さらに、同一型番でも、多少の個体差があります。実際に吹き比べてみる機会をもてるのが理想です。そして、自分が気に入った音の出せる楽器を選んでほしいと思います。

ユーフォニアムの多くは、銀メッキ仕上げです。華やかな音色から深い音色、弱奏から強奏まで出すことができ、多くの表現に対応可能です。ただ、変色しやすいのが難点です。

ラッカー仕上げの楽器もよく使われています。明るい音が特徴で扱いやすく、銀メッキ仕上げの楽器に比べると安価です。このほかに金メッキ仕上げのユーフォニアムもあります。豊かなサウンドが特徴ですが、価格は高くなります。

●さまざまな選択肢

コンペ付き太管（p.20参照）の楽器が一般的ですが、高価です。音色の面でも機能的にも、コンペ付きのユーフォニアムを持ってほしいとは思いますが、楽器が重いというデメリットがあります。一方、コンペなしの太管は軽く、安価です。音色は明るいものの、重厚感には欠けます。

コンペなしの細管の楽器は、初心者にとって吹くのが楽で、鳴らしやすくなっていますが、太管の楽器の人たちと一緒に吹くと、音色を合わせるのが難しいかもしれません。この点には十分注意してください。予算との兼ね合いも大切ですね。

ユーフォニアムを購入するときには、**同じ型番の楽器数本から１本に絞る**という選定作業をするのが理想です。楽器作りの工程には多くの手作業が含まれているため、同じように見えても吹奏感や音色、音程感などが微妙に異なるからです。気に入った１本が見つかるとよいですね。

楽器店によっては、プロの奏者による選定品を扱っているところもあります。経験豊かな専門家のお墨付きということで、安心感があります。お店まで遠いなどの理由で、試奏して購入することが難しい場合にも、プロの奏者による選定品が購入の一つの目安になります。

●同じメーカー、同じ型番よりも大切なこと

学校によっては、クラブ全体で楽器のメーカーをそろえるところもありますが、私は、どちらかと言えば反対です。メーカーが異なっていても、それぞれが良い音ならば、相乗効果でサウンドに広がりが生まれます。

私は多重録音をすることがあるのですが、同じ音像をもつ自分の音を重ねると、たとえ音色や音程、縦のラインが合っていても、サウンドが平面的になってしまいます。

隣で吹いている人と、同じメーカーや同じ型番である必要もないと思います。個性と個性がぶつかり合うからこそ、サウンドの面白さが生じます。自分が心地よく、そして好きだと思える音で、お互いに寄り添った音楽づくりをするほうが、はるかに良いのではないでしょうか？

●購入する際のチェック・ポイント

実際に楽器を購入するときには、**何回かお店に通って試奏する**ことをお勧めします。試奏の際には、ふつうの音量だけでなく、弱奏や強奏でも吹いてみましょう。スラー、スタッカート、テヌートなど、あらゆる表現に対応できるかどうかも忘れずにチェックしましょう。

メーカーや型番により、音程の癖が違います。また、形状や重量も多少異なります。自分の持ちやすさなども考慮する必要があります。

上 その4

マウスピースの選び方

●マウスピースを選ぶときには

マウスピースは、**音色を左右する重要なパーツ**です。

基本的には、楽器を購入した際に付いているマウスピースでよいと思いますが、ほかのメーカーやトロンボーンと同じものでも問題なく使えます。ユーフォニアムで広く使われているマウスピースには、Bachの5G、Schilkeの51Dなどがあります。

ユーフォニアムでは深い重厚な音が好まれるため、**カップ容量が大きい深めのマウスピース**を使うのが一般的です。初心者のうちは、深いマウスピースでは息が続かなくてたいへんかもしれませんが、浅めのカップの場合は、ピッチが高くなったり、音のノイズが増えたりしてしまいます。

リムの内径が広くなると低音に向き、逆に狭くなると高音に向きます。通常の大きさのマウスピースをしばらく使って違和感がある場合は、サイズの異なるマウスピースを試してみるのもよいでしょう。

リムの厚さも重要です。リムが厚いと安定感があるのですが、柔軟性が損なわれてしまいます。反対に薄いと、音の上下は容易になりますが、疲れやすくなります。リムの角度も、アーティキュレーションとインターヴァルに影響します。角張っているとはっきりとしたアーティキュレーションを得られますが、柔軟性の自由度が下がります。また、重量、形状なども音に影響します。

一般的なマウスピースは銀メッキですが、金メッキのものもあります。金メッキのマウスピースは、口当たりが柔らかく、唇の荒れが少なくなります。音質も多少変化します。ただし、マウスピースが滑りやすく、安定しないという弱点もあります。

つまり、すべてのマウスピースが完全ではなく、それぞれに一長一短があるということです。マウスピースを替えるときは、「なぜそうしたいのか」

という目的を明確にしましょう。多くの人は、いろいろなマウスピースを試して、オーソドックスなものにたどり着いています。

マウスピースを替えると、音が変わり、吹き方が変わり、息の加減も変わって、発音も変わります。マウスピースを替えることによって何か新たな発見があるかもしれません。

マウスピースを選ぶ際にも、実際に試奏することが望ましいです。そのときには、必ず自分の楽器を持っていくことを忘れずに。そして、試奏では次のことを考えてみましょう。

ここをCHECK!

- ▶ 音色がどうか
- ▶ ダイナミクスの変化をつけられるか
- ▶ 音程が良いか
- ▶ 自分の音楽表現に対応できるか
- ▶ 音の移動がスムーズか
- ▶ アーティキュレーションが良いかどうか
- ▶ 自分との相性、口あたりはどうか

●私のマウスピース

私が使っているマウスピースは、ほかの人には薦められません。リムの内側が角張っているので、たくさん練習する人だと、はじめのうちは唇がとても切れやすいからです。

エッジが立っているおかげで、輪郭がぼやけやすいユーフォニアムの音が、くっきりしやすいという利点はあります。しかし、口当たりはよくありません。自分が使っているからこそ、悪いところがよくわかります。

私のように、中細管という特殊な楽器を使っていると、もともとマウスピースの選択肢が少ないのです。現在持っている中で使えるものは3〜4本程度でしょうか。しかし、曲によってマウスピースを変えることはありません。

私は、音色の変化がない、あるいは、*f*なのに気の抜けた*f*しか出せない、*p*を*p*らしく出せないマウスピースは選びません。モノトーンのように音に色がなく聞こえるマウスピースがあるので、注意しましょう。

「上」その5

楽器を習う、教える

●レッスンでは客観的な判断が得られる

楽器の演奏とは、単に間違いのない音を並べることではありません。**自分の演奏が良い状態かどうかを客観的に判断してもらう**のに、レッスンはとても良い機会となることでしょう。

レッスンでは、自分の抱える問題点が明らかになり、それを改善するためにはどのような練習をすればよいか、アドヴァイスも得られます。何より、レッスン中に先生の音を間近で体感できる、実はたいへん貴重な場なのです。

残念ながら、どこにでもユーフォニアムの先生がいるというわけではありませんが、金管楽器のベーシックな部分には共通することが多いので、ほかの楽器の先生にアドヴァイスを受けることは良いことだと思います。

私も留学中は、テューバやトロンボーンの先生に習いましたし、中学生の部活動では、トランペットの先生がすべての金管楽器をみていました。

インターネットが一般的になった今、習ってみたい先生がいたら、コンタクトをとってみてはいかがでしょうか。その先生の都合が悪くても、信頼できる先生を紹介してくださるケースもあると思います。

●学んできたことを、さらに伸ばす

私は、レッスン中に生徒が「すみません」と言うのを良くないことだと思っています。レッスン中に生徒が吹けないのは、私の指導の仕方のためだと思っているからです。だから、生徒ができないからといって怒ることはありません。いろいろな方法を試行錯誤しながら、その生徒に合うものを見つけるようにしています。

私がレッスンを受けている頃は、先生に言われたことを疑うことなくやっていました。たとえば、「何時間やりなさい」と言われたら、そのとおりに。教わっているときに、いちいち疑っていては、100パーセントの力で試すことができません。できると思わずに吹いているのも困ります。

教えていていちばん困るのが「練習していないから休みます」という生徒です。「練習ができなかった理由、したくなかった理由」が必ずあります。そういうこともふくめて、レッスンを受けると、「練習したいな」とか、「これができるようになりたいな」と思うはずです。

私のレッスンは、「とりあえず何か吹いて」と言って、気になったところを掘り下げていく方法です。例えば、「音を外す」など、10人中10人が指摘するようなことは、あえて言いません。「外す」には、何か要因があるはずなので、まずそれを探します。

レッスンでは、**自分では気付かないこと、間違って考えていることの指摘や、さまざまな改善方法の提案**を受けられます。独りで学んできたことを、さらに伸ばすのがレッスンの目的です。

吹奏楽の部活などでは、「音を外すな！」とよく言われることでしょう。しかしその一言が、かえって演奏技術の伸びや、音楽そのものを邪魔することが多いような気がします。

「うまくなりたい」という欲求がある人は、レッスンを受ける資格があります。「親に言われてレッスンに来た」という人も中にはいますが、あまり伸びません。

●先輩は後輩と一緒にうまくなろう!

部活の場合、先輩と後輩と言っても、中学3年生、2年生と1年生ならば、わずか1〜2年の差です。「後輩を教える」「先輩に習う」という関係よりも、「一緒に練習する」ほうがうまくいくと思います。

後輩であっても、良い部分をもっている場合がありますし、それを先輩がつぶしてしまってはいけません。「一緒にうまくなろう」という気持ちでお互いが接すれば、他者を認め合うことになります。先輩は単に欠点を指摘するのではなく、後輩が、自分をふくめたほかの人より優れている点を認めることも大切です。

「上」その6

魅力的なものの探し方

●楽器を演奏する喜び

皆さんは、楽器の演奏を楽しんでいますか？　楽器の演奏はどうして楽しいのか、ちょっと考えてみましょう。良い曲を自分で演奏できることに、喜びがあるからではないでしょうか。

楽器の演奏は、短期間で飛躍的に腕が上がるものではありません。ですから、練習を重ねることで、困難を乗り越えた達成感を味わえる点も、楽器演奏を通じて得られる喜びの一つでしょう。作品を自分なりに解釈して表現するという、音楽を通した自己表現もまた、楽しさの一つです。さらに、誰かと一緒に演奏することで、音楽によるコミュニケーションの楽しさも満喫できるはずです。

自分を振り返ってみても、良い曲、目指す理想の演奏、そして良い演奏仲間の存在が、今の私をつくっていると感じます。

●いろいろな音楽を聴こう

私がユーフォニアムを始めた頃、両親がCDプレーヤーとクラシック音楽のCD集を買ってくれました（おそらく、自分たちが聴きたくて購入したものだと思いますが）。名曲と言われる偉大な作曲者たちの作品の数々に出合い、クラシック音楽の楽しさを知ることができました。

ユーフォニアムに限らず、いろいろな曲を知ること、多くの曲に関心をもつことが上達への第一歩です。現在は、インターネットを使って容易に音楽を視聴できます。音質はCDより劣るかもしれませんが、出合いの機会は確実に増えています。

可能ならば生の演奏会にも行きましょう。私が高校生だった頃は、まだユーフォニアムの演奏会が少なく、電車を乗り継ぎ、泊りがけで遠くまで演奏会を聴きに行きました。

全国でオーケストラや吹奏楽の大編成、アンサンブルや室内楽、そしてソロ・リサイタルなど、多くの演奏会が行われています。ぜひコンサートホールで生の音楽に触れ、全身の感覚を研ぎすまして多くのことを感じ取ってほしいと思います。

●上達のチャンスは多い

私は、高校時代からユーフォニアムの個人レッスンを受けることができました。以後、大学院修了まで継続的にレッスンを受けることにより、楽器演奏はもちろん、音楽全般から社会人としての心得まで、多くのことを学びました。

もし可能なら、レッスンを受けたほうが確実に上達します。今は、公開レッスンや公開講座、講習会や勉強会などが各地で開かれています。これらにも足を運んでみてはいかがでしょうか？

●ほかの人と一緒に演奏しよう

個人練習はもちろん重要ですが、ユーフォニアムの醍醐味《だいごみ》は、なんといってもほかの人と一緒に演奏することではないでしょうか。私も、ユーフォニアム同士で、あるいはほかの楽器奏者と一緒にアンサンブルを楽しんでいます。

特に少人数のアンサンブルなら、比較的容易に実現できると思います。演奏会やコンクールとは関係なく、純粋に楽しむために、そして演奏技術向上のためにも、ほかの人との演奏を楽しみましょう。

多くの人が自分の演奏を録音してチェックしています。私も、自宅や練習場で録音をして、復習に役立てています。冷静になって客観的に聴き返すことで、自分の弱点がよく見えてくるからです。

「上」その7

失敗に学ぶ

●苦手だった本番

実のところ、私は学生時代、本番が苦手でした。中学校の吹奏楽部時代の自分になったつもりで、作文を書いてみました。

失敗した吹奏楽演奏会　　　　２年 ユーフォニアム　齋藤ダメる

その日は吹奏楽部の演奏会がありました。演奏の出来は、残念ながらイマイチでした。大事なソロがあったのですが、あいにく音を外してしまいました。
でも、よかったこともありました。お客さんに聞こえるほどの大きな音のするブレスを取って、精一杯の力でフォルテを演奏することができました。でも、ホールで演奏をしたせいか、周りの音を聴くことができず、自分勝手な演奏になってしまいました。
家に帰って親が撮影した演奏会の動画を見たのですが、私は鬼のような形相で、まるで重いダンベルを持ち上げるような感じで楽器を抱えていました。緊張のために、目をつぶって演奏している場面も多くありました。肩もガチガチで、変な姿勢になっていました。演奏後には肩こりがひどく、とても疲れてしまいました。一緒に動画を見ていた親から、「ステージに出ているのに、なぜあんなに猫背で歩くの」とか、「客席を見ず、どこを見ておじぎをしているの」とか注意されてしまいました。
演奏会当日は忙しく、いつも決まった２時間の基本練習をしてから曲を吹くようにしているのに、それをすることができず平常心で演奏に挑むことができませんでした。ステージに出る前に、演奏に集中するように自分に言い聞かせました。絶対に良い演奏ができる、音を外さないで吹く、そう自分に信じこませました。お客さんには「良い演奏だったよ」と言われましたが、私はそう思っていません。こんなミスの多い演奏では、学校で先生や先輩に怒られるのではないかと心配しています。

この文章を読んで、どう思いましたか？
この中に、本番でうまくいかないヒントがたくさん隠されています。

●失敗の原因を分析して練習法を考えよう

金管楽器奏者は、音を外すとびっくりしてしまいます。音を外してしまったときは、なぜそうなったのかを分析しましょう。息、タンギング、姿勢、力の入り具合のいずれかに問題があることがほとんどです。自分なりになぜ外したかを考え、そうならないような練習法を考え、冷静かつ丁寧に練習すれば、正確性は向上します。**工夫のない練習の反復では、なかなか上達しない**ものです。

一方で、本番中に音を外してしまっても気にしない、「鈍感力」のようなものも必要になります。音を外したことは自分にとっては大きな出来事ですが、聴き手にとってはそれほど気にならないことが多いようです。

●うまい人とのハーモニー練習

アマチュア吹奏楽では、大きな音を出すための練習に、多くの時間が費やされているように感じることがあります。楽器の中に、これでもかというほど息を押し込んで吹いている人を見かけることもあります。

もちろん鳴りがいいほうが良いのですが、大きな音が出ても、無理な奏法で音色を損ねてしまっては、決して音楽的な演奏とは言えません。無理のない奏法で良い音が出せるようになったうえで、大きな音を出す練習をしましょう。

私のお勧めは、上手だなと思える人と一緒にハーモニー練習をすることです。ユニゾン、3度、5度、オクターヴなど、調和する音を使うことによって、無駄な力で吹くことが少なくなり、同時に「ハモる」ということを体感できます。

また、ブレスの際に、大きなノイズを立てる人も多く見られます。これは、体に緊張を生み出してしまう原因の一つになります。静かで音楽的なブレスが取れるとよいですね。

基本練習が単なるルーティンにならないようにしましょう。なんのために練習しているのかを考え、自分の出している音、自分の奏法と向き合うことが必要になります。毎日決められたことをやるよりも、ほんとうに自分が必要としていることを、丁寧に練習するのはいかがでしょうか。

●自然な状態で楽しく演奏する

私は、あまりメンタルに関して考えることがありません。よく演奏会の前は集中したほうがいいという話も聞きますが、私の場合は、本番であっても日常のひとコマとして、自然体で音楽を奏でたいと思っています。

本番を必要以上に深刻に考え、特別なものとしてとらえると、楽しさの表現ができなくなる可能性もあるでしょう。自分にとって、**楽器と向き合う時間は、なくてはならない楽しいもの**です。

この項の冒頭の作文では、ほとんどのことを否定的に考えています。しかし、音楽は楽しいもので、苦痛を強いられるようなものではありません。

少しでも進歩を感じたら、努力を自ら認め、自分をほめてあげることを忘れずに。そして、人から「良い演奏だったよ」と言われたら、素直にそれを受け入れるようにしましょう。

残念ながら、楽器はすぐに上達するものではありません。すべてを短期間で改善することはできないのが現実ですが、よく考えながら練習を重ねていけば、少しずつ上達することでしょう。私は30年以上、ユーフォニアムを吹いていますが、まだまだ向上したいと思う点がたくさんあります。

自分が目指す最高の音色を出すことができるようになれば、絶対に本番で良い演奏ができるはずです！

「上」その8

一生音楽と付き合うために

●吹奏楽を離れても、すぐに楽器は手放さないで!

いま吹奏楽に熱中している皆さんの中には、毎日何時間も楽器を吹いている人もいるでしょう。それだけユーフォニアムに熱中できることはとても素晴らしいことです。ユーフォニアムのもつ魅力、そして音楽の素晴らしさを感じ取っているんですね。でも、部活引退で燃え尽きてしまう人も少なからずいるようです。

趣味でユーフォニアムを楽しむ場合には、そこまで気負わなくてよいと思います。練習が週に1回、あるいはそれ以下でも十分上達の可能性があります。ただし、たまにしか練習できないからといって、力任せに、激しい運動をするかのように楽器を吹くのはやめましょう。

きちんと音楽的なセンスをもって、丁寧な練習を心掛けていれば、短い練習時間でも上達は可能です。忘れてほしくないのは、**無理のない奏法で、常に良い音を出そうとする姿勢**です。それには、良い音とはどのような音なのか、知っている必要があるということが前提となるのですが。

吹奏楽を離れたからといって、すぐに楽器を手放さないで、できるだけ続けていただけるとうれしく思います。

●ユーフォニアムを続けるために

練習場所の問題に直面することもあるでしょう。集合住宅、住宅密集地などでは、練習に苦情を寄せられる可能性が大きいでしょう。

公共の施設（会館、文化センター、公民館など）の音楽室の中には、比較的安価に使えるところもあります。音楽練習スタジオや、楽器練習可のカラオケボックスなどを借りて練習をすることができます。私も、たまにカラオケボックスで練習をして、管楽器でカラオケをする「管カラ」を楽しんでいます。余談ですが、マイクをオンにすると採点もしてもらえます！　家庭用防音室を作るという選択もあるでしょう。また、多少吹奏感は変わるものの、かなりの消音になる練習用ミュートなどもあります。

アンサンブル、吹奏楽団、金管バンドなど、ほかの人と一緒に演奏したい場合は、インターネットを使って仲間探しをすることもできます。

練習を重ねるうちに、日ごろの演奏成果を発揮する機会がほしくなるのは自然なことです。仲間と演奏会を開いたり、慰問演奏をしたり、コンクールに出たり、演奏活動にもいろいろな形があります。アマチュアでも参加可能なソロ・コンクールなど、世の中には多くの機会が用意されています。

練習をする努力、そしてその成果を発表する経験、この両者のほどよいバランスを取りながら、積極的に音楽と接していきましょう。

●いつまでも吹けるユーフォニアム

私の生徒さんたちは、毎年「夏の遠足」と称して、「日本クラシック音楽コンクール」に出場しています。ピアノ伴奏は私ですが、ホールで吹くことができますし、審査員から客観的な評価を得ることもできます。

ユーフォニアムは年齢を重ねてからも吹ける楽器です。アメリカには、仕事をリタイアしたシニアの人たちのバンドがあります。よく知られているように、日本ではシニア・コーラスが盛んですが、これからは、シニア・バンドやアンサンブルの活動も増えていけばよいと思います。老後の楽しみの一つとして、この柔らかなユーフォニアムをやってみるのもよいのではないでしょうか？

私の師匠のブライアン・ボーマン先生は、70歳を超え、円熟にさらに磨きのかかった演奏を続けておられます。

ユーフォニアムは、たとえば片手や半身に障がいのある人でも楽しめる楽器でもあります。

皆さんも楽器を手放すことなく、ユーフォニアムとともに得た、音楽する喜びを忘れないでいてください。

おわりに

私がユーフォニアムを続けてこられたのは、多くの人の支えと縁があったからこそだと思っています。

まず、トランペットを買ってもらって2週間ほどで飽きてしまった兄に感謝します。私は、小学2年生頃から、兄が使わなくなったトランペットで遊び始めました。そのため金管楽器に抵抗を覚えることなく、ユーフォニアムを吹き始めることができました。

そして、身長の高くない私（現在160センチ）が、中学校でバスケットボール部に入ろうとしたときに、全力で入部を阻止してくれた父と、音楽のことは何も知らないながら、小学校のマーチングバンドの指導をしていた母にも感謝します。母は、自分がまったく吹くことのできなかった金管楽器を息子に習わせることで、ついでに自分も音楽を勉強したかったようです。

今まで熱心に指導してくださった先生方にも、あらためて深く感謝します。私と一緒に演奏をしてくださっているプレイヤーの方々にも、心からお礼を申しあげます。管楽器の醍醐味は人とともに演奏することであり、音と音、音楽と音楽の相乗効果を、私は毎回楽しんでいます。

そして、私を師と仰いでくれている生徒の皆さんにも感謝しています。皆さんの向上心や上達の過程を感じとれるたびに、私の励みとなります。私の生徒の中から、実際にプロの演奏家として活躍できるようになった人も出てきています。さまざまな人が活躍できるユーフォニアム界であればと願っています。

この本を通して、読者の皆さんとつながることができたのは、たいへん喜ばしいことです。ユーフォニアムを通じて、ともに良い音楽に包まれた世界にしていきましょう。

2019年2月

齋藤 充

特別寄稿

「本番力」をつける、もうひとつの練習

誰にでもできる「こころのトレーニング」

大場ゆかり

演奏によって、私たちの心を動かし、魅了してくれるすばらしい音楽家たちは、表現力が豊かで卓越した演奏技術はもちろんのこと、音楽に対する深い愛情をもち、音楽を楽しむ気持ちを大切にしています。そして、音楽や自分なりの目標や夢の実現に向け、真摯に音楽と向かい合っています。また、逆境やアクシデントをチャレンジ精神やポジティブ・シンキングで乗り越える強さとしなやかさもあわせもち、演奏前や演奏中には高い集中力を発揮しています。

さて、日々の練習の集大成として最高のパフォーマンスをするため、本番に理想的な心理状態で臨むためには、心の使い方や感情・気分のコントロールができるようになることが必要です。

●こころのトレーニングを始めよう!

まずは、これまでやっていたこと、できそうなこと、やってみようかなと思えることに意識的に取り組んでみましょう。

①練習前後に深呼吸をしたり、目を閉じて心を落ち着かせる

緊張・不安、やる気のコントロール

②練習中に集中できなくなったときに体を動かしたり、気分転換をする

集中力の維持・向上

③ちょっとした空き時間や移動時間を利用して曲のイメージを膨らませる

イメージトレーニング

④本番で拍手喝さいを受けている自分を想像する

イメージトレーニング

⑤練習記録をつける

目標設定とセルフモニタリング（記録と振り返り）

⑥寝る前にストレッチやリラックスする時間をとる

ストレスの予防・対処

●「練習記録」と「振り返り」でステップアップ！

上達のためには、本番や目標への取り組み過程や練習内容・成果、体調・気分、できごとを記録し、振り返ることが大切です。記録と振り返りを行うことにより、自分の状態や課題、自分自身の体調や気分の波、練習の成果が現れるプロセスやパターンに気付けるようになります。また、記録することで、取り組み内容や頑張ってきたこと、工夫したことなどを、自分の目で見て確認することができるため、やる気を高く保つことにもつながります。本番前など不安が大きくなったとき、自信がもてないときに、あなたの練習記録があなたを励まし、本番に向かう背中を押してくれることでしょう。

練習記録の例

わたしの練習日記

日付	できた？	練習内容	結果	体調・気分
4月８日（月）	△	基礎練	スケールをいつも間違える	寝不足
4月９日（火）	◎	課題曲のC	うまくできた	元気
4月10日（水）	●	パート練	Eのユニゾンがそろった！	元気
4月11日（木）	△	譜読み	臨時記号で間違える	だるい
4月12日（金）	●	課題曲の全体合奏	いい感じ！	◎！
4月13日（土）	×	イメトレ	模試でほとんど できなかった	微熱
4月14日（日）	●	ロングトーンと スケール	10分だけだったけど、 集中していい音が出せた	元気。 午後からは遊んだ

《4月２週目まとめ》　**←振り返る（1週間でなく1か月単位でもよい）**

●先週より音が良くなってきたかも。

●指はやっぱり難しいから来週はゆっくりから練習しよう。

●「振り返り」のポイント

これまで練習してきたことや取り組んできた課題、目標が十分に達成できたかについて考えましょう。

本番の成績や順位、点数、合否、ミスタッチの有無など「結果」も気になりますが、「プロセス（これまでの頑張り）」に注目しましょう。

●音楽と長く楽しく付き合っていくこと

心理学者のアンジェラ・リー・ダックワース博士は、一流と呼ばれる人たちは、生まれもった才能や資質に恵まれている特別な人なのではなく、グリット（やり抜く力）と呼ばれる一つのことにじっくりと取り組み、失敗や挫折にめげずに粘り強く取り組む力や努力を続ける力が非常に高いことを明らかにしました。ダックワース博士は、「努力によって初めて才能はスキルになり、努力によってスキルが生かされ、さまざまなものを生み出すことができる」と言っています。たとえ、２倍の才能があっても２分の１の努力では決してかなわないというのです。

グリット（やり抜く力）

●情熱

・一つのことにじっくりと取り組む姿勢

・長期間、同じ目標に集中し続ける力

●粘り強さ（根気）

・挫折にもめげずに取り組む姿勢

・必死に努力したり挫折から立ち直る力

せっかく始めた音楽を「才能がない」「素質がない」と言ってあきらめてしまったり、頑張ることをやめてしまったら、それは、自分で自分の可能性の芽を摘み、自らできるようになる未来を放棄してしまっていることと同じことになってしまいます。もし、「どうせ」「無理」「できない」と弱気の虫が出てきてしまったら、あきらめてしまう前に、音楽を好きだ・楽しいと思う気持ちや、初めて楽器に触れたときのこと、初めて良い音が出せたと思えたときのこと、仲間や聴衆と心を通わせ音を合わせて紡いだメロディーや一体感を思い出してみてください。
そして、できない・うまくいかない今のことばかりにとらわれ続けて、ただやみくもに練習を繰り返すのではなく、できるようになった未来を明確に思い描きながら、できない今とできるようになった未来の違いを考えてみましょう。
そうすると、できるようになるためにどうすればよいのか、今、自分に必要な練習は何か、乗り越えるべき課題は何かをはっきりさせることができます。さらに、うまくできている人のまねをしてみたり、うまくいくコツを見つけたり体感したりしながら、さまざまな工夫や試行錯誤を繰り返すことが、課題を克服するための具体的で現実的かつ効果的な練習にもつながります。

才能や能力は伸びるものだと信じ、「今はまだできなくても、練習すればできるようになる」と考えるようにすると、今はまだできない課題の克服のための努力や挑戦を続けていく力が生まれてきます。まずは、「必ず、できるようになる！」と強く信じ、日々、できたことやできるようになったことに注目しながら、あきらめず、粘り強く、できるようになっていくプロセスを楽しみつつ、音楽と長く楽しく付き合っていってください。

大場ゆかり　九州大学大学院人間環境学研究科博士後期課程修了。博士（人間環境学）。
武蔵野音楽大学専任講師としてメンタル・トレーニング等の講義を担当。
『もっと音楽が好きになる　こころのトレーニング』を音楽之友社より刊行。

著者プロフィール

Photo © Masato Okazaki

齋藤 充（さいとう・みつる）

ユーフォニアム奏者。ソリスト、侍Brassメンバーとして活動するほか、オーケストラへの出演も多い。国立音楽大学卒業、ミシガン大学大学院修士課程およびノーステキサス大学大学院博士課程を修了。日本人初となるユーフォニアムでの音楽芸術博士号を取得。日本管打楽器コンクール、フィリップ・ジョーンズ国際ブラスアンサンブル・コンクール、レオナルド・ファルコーン国際テューバ&ユーフォニアム音楽祭コンクールにおいて第1位。国立音楽大学、洗足学園音楽大学などで後進の指導にあたっている。

もっと音楽《おんがく》が好《す》きになる **上達《じょうたつ》の基本《きほん》 ユーフォニアム**

2019年 4 月30日 第 1 刷発行
2024年 4 月30日 第 3 刷発行

著者 ―――――― 齋藤《さいとう》 充《みつる》
発行者 ――――― 時枝 正
発行所 ――――― 株式会社 音楽之友社
〒162-8716 東京都新宿区神楽坂6-30
電話 03（3235）2111（代表）
振替 00170-4-196250
https://www.ongakunotomo.co.jp/

装丁・デザイン ― 下野ツヨシ（ツヨシ＊グラフィックス）
カバーイラスト ― 引地 渉
本文イラスト ―― かばたたけし（ツヨシ＊グラフィックス）
楽譜浄書 ――― 中村匡寿
写真 ―――――― 岡崎正人
印刷・製本 ――― 共同印刷株式会社

ISBN978-4-276-14588-7 C1073

三つのコンセプトで読み解く、新たな〝東京〟ヒストリー

みる よむ あるく 東京の歴史

全10巻 刊行中

池　享・櫻井良樹・陣内秀信・西木浩一・吉田伸之編

B5判・平均一六〇頁／各二八〇〇円

巨大都市《メガロポリス》東京は、どんな歴史を歩み現在に至ったのでしょうか。史料を窓口に**「みる」**ことから始め、これを深く**「よむ」**ことで過去の事実に迫り、その痕跡を**「あるく」**道筋を案内。個性溢れる東京の歴史を描きます。**『内容案内』**送呈

〈地帯編〉7冊　刊行開始

4 千代田区・港区・新宿区・文京区

東京駅を有す丸の内、官庁の建ち並ぶ霞が関、花街の赤坂・神楽坂、土器名発祥の弥生町。都心に位置し、首都の役割を担いながら、濃密に過去の面影を残しています。何がどう受け継がれ、今を形づくったのでしょうか。

（地帯編1）

5 中央区・台東区・墨田区・江東区

江戸東京の中心日本橋から京橋・銀座、市場で賑わう築地、大寺院が織りなす人気観光地浅草・上野、水路が巡り震災・戦災の記憶が漂う本所・深川。江戸の余韻を湛えつつ、新たな歴史を築く隅田川周辺の特徴をさぐります。

（地帯編2）

●既刊

1 先史時代～戦国時代

多様な地形をもち、豊かな自然に彩られる東京。武蔵国府の設置、武士団の成長、小田原北条氏の支配。その下で営まれる人びとの暮らしや社会の動きに視点を置き、「東京の歴史」の舞台と、先史から戦国時代の歩みを描きます。（通史編1）

2 江戸時代

家康の入府以来、急速に巨大城下町へと変貌する江戸。幕藩権力や物流、そして人びとの生活を支えるインフラや都市行政。災害や病、歌舞伎・浮世絵など民衆文化を見ながら、巨大城下町における人びとの営みを描きます。（通史編2）

3 明治時代～現代

明治維新により江戸は「東京」と名前を変え、首都となりました。いかに東京は形成され、そこで人びとは暮らしたのでしょうか。都市化の進展、震災と戦災、戦後復興から今日の国際化まで、激動の近現代史に迫ります。（通史編3）

●続刊

6 品川区・大田区・目黒区・世田谷区（地帯編3）

7 渋谷区・杉並区・練馬区・中野区・板橋区・豊島区・北区（地帯編4）

8 足立区・葛飾区・荒川区・江戸川区（地帯編5）

9 多摩Ⅰ（地帯編6）

10 多摩Ⅱ・島嶼（地帯編7）

厳選した200のテーマから、個性溢れる東京の歴史を多面的に描く！

「通史編」通巻1～3　東京都の範囲を対象に、歴史時代を原始・古代、中世、近世、近現代に区分し、取り上げるテーマにそう史料を窓口に時代の流れで描きます。

「地帯編」通巻4～10　二三の特別区、三九の市町村からなる自治体を枠に、通巻4～8で区部を、通巻9～10で多摩地区や島嶼の市町村を取り上げ、それぞれ固有の歴史を描きます。

「み　る」古文書や記録、絵図・地図・写真を基本史料として一点取り上げ、わかりやすく解説します。

「よ　む」「みる」の基本史料をていねいに読み解き、関連する史料や事項にも触れながら歴史の事実に迫ります。

「あるく」「みる」「よむ」で得られた知識をもとに、関係する史跡や現状を辿る案内や、さらに深い歴史にむかって〝あるく〟道筋を記します。

史実に基づく正確な伝記シリーズ

人物叢書

日本歴史学会編集　四六判

松井友閑（通巻291）

竹本千鶴著

織田信長の法体の側近。堺代官をつとめ、将軍や大名家、寺社との交渉役としても活躍。文化の才にも秀で、「大名茶湯」を開花させ、晩年は文化人として過ごす。信長の信任篤く、内政・外交に奔走した生涯をたどる初の伝記。

三二〇頁／二三〇〇円

前田利長（通巻292）

見瀬和雄著

加賀前田家の二代当主。豊臣秀吉の死後、秀頼を補佐したが、家康暗殺計画の主謀者と讒言され徳川に下る。関ヶ原の戦い後は、加賀・越中・能登の統治に辣腕をふるった。幕藩制最大の大名として前田家の礎を築いた生涯。

三二〇頁／二三〇〇円

【関連図書】

織田信長　池上裕子著　二三〇〇円

千利休　芳賀幸四郎著　二二〇〇円

前田利家　岩沢愿彦著　二二〇〇円

前田綱紀　若林喜三郎著　一七五〇円

増補 吾妻鏡の方法 事実と神話にみる中世〈新装版〉

五味文彦著

東国に生まれた初の武士政権誕生と再生の歴史。鎌倉政権像が鮮やかに再現され、その時代がよみがえる。『吾妻鏡』編纂方法やその特徴、武家地鎌倉の形成を解き明かす論考二本を新たに収録。名著がさらに充実した決定版。

四六判・四〇〇頁・口絵二頁／二四〇〇円

東北の幕末維新 米沢藩士の情報・交流・思想

友田昌宏著

激動の幕末、奥羽列藩同盟を主導した米沢藩にあって情報の重要性を訴えた甘糟継成《あまかすつぐしげ》と、探索周旋活動に努めた宮島誠一郎、雲井龍雄《くもいたつお》。動乱の中で紡いだ思想と維新後の異なる歩みを追い、敗者の視点から幕末維新を描く。

四六判・二七〇頁／二八〇〇円

植民地遊廓
日本の軍隊と朝鮮半島

金富子
金栄著

近代日本による朝鮮侵略のなか、移植された日本式の公娼制は、植民地社会にいかなる影響を与えたのか。遊廓が浸透した過程を、南北地域に分けて考察。史資料にない娼妓の姿を、オーラルヒストリーなどから掘り起こす。

Ａ５判・二五六頁／三八〇〇円

〈東京オリンピック〉の誕生
一九四〇年から二〇二〇年へ

浜田幸絵著

一九四〇年開催予定であった幻の東京オリンピックから、一九六四年をへて二〇二〇年へ。戦時に返上した挫折から、戦後の開催へ招致活動した在米日系人やＩＯＣの動向など、その連続性に着目しメディア史から描く決定版。

Ａ５判・二九八頁／三八〇〇円

読みなおす日本史

毎月１冊ずつ刊行中　四六判

はんこと日本人

門田誠一著

一五〇頁／二二〇〇円（補論＝門田誠一）

宅配便の受け取り、回覧板、役所の申請書類から売買契約まで、毎日の生活にはんこは欠かせない。日本人はなぜ、いつごろからはんこを押し続けてきたのか。その歴史を辿り、はんこをめぐる日本独特の文化・社会を探る。

城と城下　近江戦国誌

小島道裕著

二七八頁／二四〇〇円（補論＝小島道裕）

滅び去った城館跡に人は魅せられる。環濠集落や土塁囲みの館城から、戦国大名の城下町や信長の安土まで。近江に残るさまざまな城館遺構を訪ね、地形・史料・伝承をもとに、人々の営みと失われた戦国社会の姿に迫る。

お家相続　大名家の苦闘

大森映子著

二二〇頁／二二〇〇円（補論＝大森映子）

江戸時代、大名家は世襲で受け継がれるが、後継者がいないとその家は取りつぶされる。突然の事態に関係者はどのように対処したのか。幕府の公的な記録に表れない不自然な事例から、存続をかけた大名家の苦労を探る。

歴史文化ライブラリー

●18年8月～10月発売の5冊

四六判・平均二二〇頁　全冊書下ろし

人類誕生から現代まで／忘れられた歴史の発掘／常識への挑戦／学問の成果を誰にもわかりやすく／ハンディな造本と読みやすい活字／個性あふれる装幀

473 書物と権力
中世文化の政治学

前田雅之著

印刷技術が未発達な中世において、人は書物をどう入手していたのか。連歌師の流通への関与、伏見宮家から足利将軍への『風雅集』贈与など、書物の伝播・普及と権力との結びつきを解明。古典的書物を持つことの意味に迫る。

二二四頁／一七〇〇円

474 室町将軍の御台所
日野康子・重子・富子

田端泰子著

室町将軍歴代の妻となった公家の日野家出身の女性たちは、飢饉や土一揆の頻発した難しい時代をどのように生きたのか。足利義満・義教・義政の妻を取り上げ、その政治的な役割と人生を時代情勢の推移とともに描き出す。

二三八頁／一七〇〇円

475 戦国の城の一生
つくる・壊す・蘇る

竹井英文著

戦国期の城は、いつ誰の手で築かれ、いかに使われて廃城となったのか。築城技術やメンテナンス、廃城後の「古城」の再利用《リサイクル》など、史料を博捜し読み解く。「城の使われ方」から戦争や城郭の実態を考えるヒントを与える。

二二四頁／一七〇〇円

476
考証東京裁判
戦争と戦後を読み解く
宇田川幸大著

「東京裁判」は日本をいかに裁いたのか。帝国主義・植民地主義・レイシズム（人種差別）の発想と、今日の歴史認識問題にもつながる戦争観を重視し、膨大な史料を用いて裁判を再検証。不可視化された戦争被害の諸相に迫る。

二四〇頁／一七〇〇円

477
中世武士畠山重忠
秩父平氏の嫡流
清水　亮著

武蔵国男衾《おぶすま》郡畠山を本拠とした畠山《はたけやま》重忠。「分け隔てない廉直な人物」と伝わるイメージの背景には、いかなるスタンスが秘められているのか。在地領主としての畠山氏のあり方に迫り、重忠という武士の生き方を描く。

二五六頁／一八〇〇円

【好評既刊】

469 **踏絵を踏んだキリシタン**
安高啓明著
二八八頁／一八〇〇円

470 **江戸無血開城**
本当の功労者は誰か？
岩下哲典著
二〇八頁／一七〇〇円

471 **細川忠利**
ポスト戦国世代の国づくり
稲葉継陽著
二五六頁／一八〇〇円

472 **刀の明治維新**
「帯刀」は武士の特権か？
尾脇秀和著
二八八頁／一八〇〇円

歴史文化ライブラリー オンデマンド版 販売のお知らせ

一九九六年に創刊し、現在通巻四七〇を超えた歴史文化ライブラリーの中から、永らく品切れとなっている書目をオンデマンド版にて復刊いたしました。今年新たに追加したタイトルなど、詳しくは『出版図書目録』または小社ホームページをご覧下さい。

オンデマンド版とは？

書籍の内容をデジタルデータで保存し、ご注文を戴いた時点で製作するシステムです。ご注文をお受けするたびに、一冊ずつ製作いたしますので、お届けできるまで二週間程度かかります。なお、受注製作となりますのでキャンセル・返品はお受けできません。あらかじめご了承下さい。

摂関政治最盛期の「賢人右府」藤原実資《さねすけ》が綴った日記。宮廷社会が鮮やかに甦る！

現代語訳 小右記

全16巻
刊行中

倉本一宏編

四六判・平均二八〇頁／『内容案内』送呈

＊半年ごとに一冊ずつ、巻数順に配本中

⑦後一条天皇即位

長和四年（一〇一五）四月～長和五年（一〇一六）二月

【第7回配本】三八四頁 三〇〇〇円

敦明親王を東宮に立てることを条件に、三条天皇がついに譲位し、道長外孫の後一条天皇が即位する。外祖父摂政の座に就いた道長に対する実資の眼差しや如何に。国母となった彰子の政治力についても詳細に記録する。

【既刊6冊】

❶三代の蔵人頭《くろうどのとう》
❷道長政権の成立
❸長徳の変
❹敦成《あつひら》親王誕生
❺紫式部との交流
❻三条天皇の信任

❶～❺各二八〇〇円
❻＝三〇〇〇円

和田晴吾著

古墳時代の王権と集団関係

全国各地の古墳はどのように築造されていたのか。編年・時期区分の検証を元に、前方後円墳を頂点とする古墳の秩序の形成と変化を追究。ヤマト王権と地域勢力の関係を論じ、古墳時代の国家と社会の実態に迫る。

A5判・四〇四頁／三八〇〇円

古墳時代の葬制と他界観

古墳はなぜ造られたのか。古墳の築造を、精神的・宗教的行為として再検討する。古墳の築造自体を葬送儀礼の一環と捉え、それに伴う他界観を解明。中国、朝鮮半島の事例とも比較しつつ、東アジア世界のなかで捉え直す。

A5判・三〇二頁／三八〇〇円

古墳時代の生産と流通

古墳時代の漁具・石造物・金属器などの遺物について、その素材や使用方法を製作者・使用者の視点から検討。大陸・朝鮮半島からの技術の伝播と日本での展開を追究し、生産・流通システムと政治権力との関係を論じる。

A5判・三二八頁／三八〇〇円

角田文衞の古代学❶ 後宮と女性

公益財団法人古代学協会編

A5判・四〇〇頁 （第2回）五〇〇〇円

政略と愛憎に彩られた王朝政治、千年の古典となりゆく貴族文化―後宮はすべての淵藪であり、個性的な女性たちがその活動を担った。角田文衞の独壇場と言うべき後宮史・人物史をテーマに、遺された珠玉の論考を集成。

中世王権の形成と摂関家

樋口健太郎著

A5判・三〇〇頁／九五〇〇円

中世において天皇・王家は本当に摂関家から自立していたのか。天皇の後見・補佐という摂関の職掌に着目し、中世王権論・王家研究を再検討。王権全体の枠組みを通して、摂関家の中世後期に至る展開を論じ新見解を示す。

戦国期細川権力の研究

馬部隆弘著

A5判・八〇八頁／二〇〇〇〇円

細川京兆家の分裂・抗争は、結果としてその配下たちの成長をもたらす。柳本賢治、木沢長政、そして三好長慶が、なぜ次から次に台頭したのか。発給文書を徹底的に編年化し、細川から三好への権力の質的変容を論じる。

戦国大名大友氏の館と権力

鹿毛敏夫・坪根伸也編

A5判・三四四頁／九〇〇〇円

大分市で大友氏の館跡が発見されてから二〇年。発掘調査の軌跡と権力構造解明に関する学際的研究の成果と現在までの到達点を、大名居館論、権力論、領国論の三つの論点でまとめた論文集。繁栄を極めたその実像に迫る。

中近世山村の生業と社会

白水　智著

A5判・三〇〇頁／九五〇〇円

近代以前、山村の人々はなぜ山を下りず住み続けたのか。信濃国秋山と甲斐国早川入を中心に、生活文化体系の視座に立って山村の生業や特質、外部社会との交流などを解明。従来の山村＝「後れた農村」観に一石を投じる。

幕末対外関係と長崎

吉岡誠也著

A5判・三八〇頁／一一〇〇〇円

江戸幕府直轄の貿易都市長崎は、開国を契機にいかに変容したのか。対外関係業務の変質、長崎奉行の組織改革、港内警衛体制再編など、「現場」レヴェルの視角で追究。開港場の近世的統治の限界と近代への転換を考察する。

前近代日本の交通と社会（日本交通史への道1）

丸山雍成著

A5判・六〇六頁／一四〇〇〇円

近世交通史の研究を牽引した著者による、前近代を中心に隣接分野にも及ぶ交通史の研究成果を集成。古代～近世の交通史の諸問題のほか、いわゆる「慶安御触書」、古九谷、九州の織豊城郭、豪商など、多彩な論考を収める。

明治期の立憲政治と政党　自由党系の国家構想と党史編纂

中元崇智著

A5判・三〇八頁／一〇〇〇〇円

藩閥政府と政党の提携に尽力した自由党系土佐派に着目。非議員の板垣退助を党首に据え、いかに国家構想や経済政策を提起し、またどのような歴史観で党史を編纂したのか。模索期の立憲政治を政党の視点から考察する。

日本と琉球の文化・社会の展開に重要な役割を果たした奄美諸島の歴史を、日本・琉球・朝鮮・奄美諸史料から再構成。

奄美諸島編年史料

古琉球期編 下　石上英一編

A５判／『内容案内』送呈

島津氏の琉球本島制圧が始まる一六〇九年三月末から、三浦按針の大島漂到記録、鹿児島藩の奄美諸島支配体制確立の大嶋置目施行に関わる一六二四年までを収録。上巻補遺やおもろそうしの歌謡なども付載の充実の構成。

九七〇頁／二八〇〇〇円

〈既刊〉古琉球期編 上……一八〇〇〇円

日本考古学 第46号

日本考古学協会編集——A４判・一五六頁／四〇〇〇円

日本考古学 第47号（設立70周年特集号）

日本考古学協会編集——A４判・一五六頁／四〇〇〇円

鎌倉遺文研究 第42号

鎌倉遺文研究会編集——A５判・一四二頁／二〇〇〇円

戦国史研究 第76号

戦国史研究会編集——A５判・四八頁／六四九円

交通史研究 第93号

交通史学会編集——A５判・六六頁／二五〇〇円

わくわく！探検《たんけん》 れきはく 日本の歴史 全５巻

小中学生から大人まで、歴史と文化を目で見て楽しく学べる！

「れきはく」で知られる国立歴史民俗博物館が日本の歴史と文化を楽しく、やさしく解説。展示をもとにしたストーリー性重視の構成で、ジオラマや復元模型など、図版も満載。大人も楽しめる！

国立歴史民俗博物館編　B５判・各八六頁　オールカラー　各一〇〇〇円　『内容案内』送呈

博物館《ミュージアム》が本になった！

【続刊】

❷中世　❸近世　❺民俗　❶先史・古代　❹近代・現代

推薦します　※敬称略50音順

木村茂光（東京学芸大学名誉教授）

由井薗 健（筑波大学附属小学校教諭（社会科主任））

刀剣と格付け 徳川将軍家と名工たち

深井雅海著　Ａ5判・二一六頁／一八〇〇円

武家社会における贈答品として中世以来重用されてきた刀剣。八代将軍吉宗は、古刀重視の風潮を改め新刀を奨励し、贈答の簡素化を目指す。刀剣の鑑定、「享保名物帳」の成立、刀工と格付けなど、奥深い刀剣の世界へ誘う。

皇后四代の歴史 昭憲皇太后から美智子皇后まで

森　暢平・河西秀哉編　Ａ5判・二三六頁／二二〇〇円

明治から平成まで、天皇を支え「世継ぎ」を産み、さまざまな活動をした四人の皇后。その役割や社会の中でのイメージは、時代とともに大きく変容してきた。公（表）と私（奥）をテーマに、エピソードを交えて歩みを描く。

建物が語る日本の歴史

海野　聡著　Ａ5判・三〇四頁・原色口絵三二頁／二四〇〇円

建築物は歴史を語る証人である。国家の威信をかけて建てられた寺院や城郭、人びとが生活した住居など、原始から近代まで各時代の建物で読み解く日本の歴史。社会と建物の関わりに光を当てた、新しい日本建築史入門。

人をあるく 北条氏五代と小田原城

山口　博著　Ａ5判・一七六頁／二〇〇〇円

関東の戦国覇者、北条氏。初代宗瑞の登場から五代氏直の秀吉との東西決戦まで、民政で独自の手腕を見せ、一族が結束して支配を広げた屈指の戦国大名の実像に迫る。本拠地小田原城を巡り、北条時代の小田原宿も訪ねる。

絵図と徳川社会 岡山藩池田家文庫絵図をよむ

倉地克直著　Ａ5判・三三六頁・原色口絵八頁／四五〇〇円

絵画的に表現されることもあった近世の絵図。岡山藩池田家にのこされた大型の手書き絵図に光を当て、何がいかに描かれたのかを検討する。題材選択と個性的な描写のはざまに、江戸時代の絵図利用のあり方をさぐる。

幕末維新のリアル 変革の時代を読み解く7章

上田純子・公益財団法人僧月性顕彰会編　Ａ5判　二九六頁／二二〇〇円

欧米列強の動き、対外戦略と国内政争、世界観の相克や思想の対立、海防僧・漢詩人の月性が体現した知識人交友圏の成立と政治参加―。幕末維新の諸相を、第一線の研究者七名が読み解き、歴史のリアルをよみがえらせる。

アジア・太平洋戦争と石油 戦備・戦略・対外政策

岩間　敏著　Ａ5判・二〇〇頁／三〇〇〇円

日本の資源を総動員したアジア・太平洋戦争。国外との輸入交渉、真珠湾攻撃での洋上給油作戦、石油の需給予測や海上輸送作戦など、総力戦の実態と末路を、艦船・航空機などの戦備も含めた豊富なデータをもとに解明。

現代日本の葬送と墓制 イエ亡き時代の死者のゆくえ

鈴木岩弓・森　謙二編　Ａ5判・二四〇頁／三八〇〇円

家族制度がゆらぎ、無縁化する墓…。葬儀・埋葬・造墓などは遺された者の役割だが、社会変動の波を受けて大きく変貌してきている。葬送をめぐる個と群の相克や価値観の変化を辿り、二十一世紀の死者のゆくえを展望。

国史大辞典 全15巻（17冊）

国史大辞典編集委員会編　四六倍判・平均一一五〇頁
本文編（第1巻～第14巻）＝各一八〇〇〇円
索引編（第15巻上中下）＝各一五〇〇〇円
全17冊揃価 二九七〇〇〇円

明治時代史大辞典 全4巻

宮地正人・佐藤能丸・櫻井良樹編　四六倍判・平均一〇一〇頁
第1巻～第3巻＝各二八〇〇〇円
第4巻（補遺・付録・索引）＝二〇〇〇〇円
全4巻揃価 一〇四〇〇〇円

アジア・太平洋戦争辞典

吉田 裕・森 武麿・伊香俊哉・高岡裕之編　四六倍判 八五八頁 二七〇〇〇円

日本歴史災害事典

北原糸子・松浦律子・木村玲欧編　菊判・八九二頁 一五〇〇〇円

歴史考古学大辞典

小野正敏・佐藤 信・舘野和己・田辺征夫編　四六倍判 一三九二頁 三二〇〇〇円

歴代天皇・年号事典

米田雄介編　四六判・四四八頁／一九〇〇円

源平合戦事典

福田豊彦・関 幸彦編　菊判・三六二頁／七〇〇〇円

戦国人名辞典〈僅少〉

戦国人名辞典編集委員会編　菊判・一一八四頁／一八〇〇〇円

戦国武将・合戦事典

峰岸純夫・片桐昭彦編　菊判・一〇二八頁／八〇〇〇円

織田信長家臣人名辞典 第2版

谷口克広著　菊判・五六六頁／七五〇〇円

日本古代中世人名辞典

平野邦雄・瀬野精一郎編　四六倍判・一二二二頁／二〇〇〇〇円

日本近世人名辞典

竹内 誠・深井雅海編　四六倍判・一三二八頁／二〇〇〇〇円

日本近現代人名辞典

臼井勝美・高村直助・鳥海 靖・由井正臣編　四六倍判 一三九二頁 二〇〇〇〇円

歴代内閣・首相事典
鳥海　靖編
菊判・八三二頁／九五〇〇円

〈華族爵位〉請願人名辞典
松田敬之著
菊判・九二八頁／一五〇〇〇円

日本女性史大辞典
金子幸子・黒田弘子・菅野則子・義江明子編
四六倍判
九六八頁
二八〇〇〇円

日本仏教史辞典
今泉淑夫編
四六倍判・一三〇六頁／二〇〇〇〇円

神道史大辞典
薗田　稔・橋本政宣編
四六倍判・一四〇八頁／二八〇〇〇円

日本民俗大辞典 上・下（全2冊）
福田アジオ・神田より子・新谷尚紀・中込睦子・湯川洋司・渡邊欣雄編
四六倍判
上＝一〇八八頁・下＝一一九八頁／揃価四〇〇〇〇円（各二〇〇〇〇円）

精選 日本民俗辞典
菊判・七〇四頁
六〇〇〇円

沖縄民俗辞典
渡邊欣雄・岡野宣勝・佐藤壮広・塩月亮子・宮下克也編
菊判・六七二頁
八〇〇〇円

有識故実大辞典
鈴木敬三編
四六倍判・九一六頁／一八〇〇〇円

年中行事大辞典
加藤友康・高埜利彦・長沢利明・山田邦明編
四六倍判・八七二頁
二八〇〇〇円

日本生活史辞典
木村茂光・安田常雄・白川部達夫・宮瀧交二編
四六倍判・八六二頁
二七〇〇〇円

大石　学編

徳川歴代将軍事典
菊判・八八二頁／一三〇〇〇円

江戸幕府大事典
菊判・一一六八頁／一八〇〇〇円

近世藩制・藩校大事典
菊判・一一六八頁／一〇〇〇〇円

●近刊

※書名は仮題のものもあります。

ここが変わる！日本の古代 考古学が解き明かす列島文化
藤尾慎一郎・松木武彦編　A5判／価格は未定

日本古代の官司と政務
佐々木恵介著　A5判／九五〇〇円

古代の祭祀構造と伊勢神宮
塩川哲朗著　A5判／一二〇〇〇円

列島の古代（日本古代の歴史❻／全6巻完結）
佐藤　信著　四六判／二八〇〇円

中世初期の〈謀叛〉と平治の乱
古澤直人著　A5判／価格は未定

平氏が語る源平争乱（歴史文化ライブラリー479）
永井　晋著　四六判／価格は未定

海底に眠る蒙古襲来 水中考古学の挑戦（歴史文化ライブラリー478）
池田榮史著　四六判／一八〇〇円

聖徳太子と中世 未来を語る偽書
小峯和明著　A5判／価格は未定

戦国時代の終焉 「北条の夢」と秀吉の天下統一（読みなおす日本史）
齋藤慎一著　四六判／価格は未定

近世関東の土豪と地域社会
鈴木直樹著　A5判／価格は未定

江戸城御庭番 徳川将軍の耳と目（読みなおす日本史）
深井雅海著　四六判／二二〇〇円

近代日本の思想をさぐる 研究のための15の視角
中野目　徹編　A5判／二四〇〇円

近代日本の消費と生活世界
中西　聡・二谷智子著　A5判／一一〇〇〇円

わくわく！探検 **れきはく日本の歴史** ❹近代・現代
国立歴史民俗博物館編　B5判／一〇〇〇円

描かれた能楽 もう一つの享受史
小林健二著　A5判／価格は未定

民俗伝承学の視点と方法 新しい歴史学への招待
新谷尚紀編　A5判／九五〇〇円

日本人は、何を、何のために、どのように食べてきたか？

食材、調理法、食事の作法や歳事・儀礼など多彩な視点から、これまでの、そしてこれからの日本の〝食〟を考える。

日本の食文化 全6巻

小川直之・関沢まゆみ・藤井弘章・石垣 悟編

18年12月刊行開始！

「食」は生命と健康の維持に必要であり、人と人、人と神を結ぶ意味をもつ。日本のこうした食文化に光を当て、日常食の知恵や儀礼食の観念などを解説。食の歴史と現代の動向を示し、地域ごとの特色にも目を向ける。

四六判 平均二五〇頁予定 予価各二七〇〇円 『内容案内』送呈

①食事と作法 小川直之編

食事には作法と決まり事がある。人と人をつなぐ共食や贈答、神仏への供え物、調理の技法と担い手、食具の扱いなど、儀礼と日常の食の社会的な意味を読み解く。ファーストフードや「和食」の国際的な動向にも着目する。（第1回配本）

続刊書目

②米と餅……関沢まゆみ編
③麦・雑穀と芋……小川直之編
④魚と肉……藤井弘章編
⑤酒と調味料、保存食……石垣 悟編
⑥菓子と果物……関沢まゆみ編

※写真はいずれも本書より

幕末以降 帝国軍艦写真と史実（新装版）

【11月発売】 海軍有終会編

B5横判・四六四頁予定／六八〇〇円

日本の梵鐘（新装版）

【12月発売予定】 坪井良平著

B5判・五六〇頁予定／予価二五〇〇〇円

事典 古代の祭祀と年中行事

【12月発売予定】 岡田莊司編

A5判・三八四頁予定／予価四〇〇〇円